누구나 쉽게 배우는
웹사이트 디자인의 비밀

The Principles of Beautiful Web Design

by Jason Beaird, James George

Authorized Korean translation of the English edition of PRINCIPLES OF BEAUTIFUL WEB DESIGN
3rd Edition ISBN 9780992279448 ⓒ 2014 SitePoint Pty Ltd.
Korean-language edition copyright ⓒ 2015 Insight Press
This translation is published and sold by permission of O'Reilly Media, Inc.,
which owns or controls all rights to publish and sell the same.

누구나 쉽게 배우는 웹사이트 디자인의 비밀
레이아웃, 색, 텍스처, 타이포그래피, 이미지 사용법

초판 1쇄 발행 2015년 10월 10일 지은이 제이슨 비어드, 제임스 조지 옮긴이 윤지혜 펴낸이 한기성 펴낸곳 인사이트 편집 이지연 본문 디자인 윤영준 제작·관리 박미경 표지출력 소다디자인프린팅 용지 월드페이퍼 인쇄 현문인쇄 제본 자현제책 등록번호 제10-2313호 등록일자 2002년 2월 19일 주소 서울시 마포구 잔다리로 119 석우빌딩 3층 전화 02-322-5143 팩스 02-3143-5579 블로그 http://blog.insightbook.co.kr 이메일 insight@insightbook.co.kr ISBN 978-89-6626-146-8 책값은 뒤표지에 있습니다. 잘못 만들어진 책은 바꾸어 드립니다. 이 책의 정오표는 http://www.insightbook.co.kr/199972에서 확인하실 수 있습니다. 이 도서의 국립중앙도서관 출판예정도서목록(CIP)은 서지정보유통지원시스템 홈페이지(http://seoji.nl.go.kr)와 국가자료공동목록시스템(http://www.nl.go.kr/kolisnet)에서 이용하실 수 있습니다.(CIP제어번호: CIP2015020360)

누구나 쉽게 배우는 웹 사이트 디자인의 비밀

The Principles of Beautiful Web Design 3/E

제이슨 비어드·제임스 조지 지음 | 윤지혜 옮김

인사이트
insight

차례

옮긴이의 글

웹사이트를 볼 때 여러분은 그것이 훌륭한 웹사이트인지 아닌지를 얼마나 자신 있게 판단할 수 있는가? 또, 웹사이트를 만들면서 더 멋지게 만들 방법을 쉽게 찾아낼 수 있는가? 이런 질문에 대답하려면 디자인에 대해서 알아야 할 텐데, 사실 디자인이라는 주제는 너무 모호하고 그 분야가 방대해서 배우기가 쉽지 않을 것만 같다. 거기에 디자인은 주관적이며 직관적인 것이라는 인식까지 더해져 더욱 배움의 시작을 어렵게 만든다. 디자인에 대해서 조금 배웠다 하더라도 그 원리를 실제 프로젝트에 구현하는 것은 더 큰 난관이다.

그나마 웹 2.0의 바람이 거대하게 불었던 2000년 초의 디자인은 지금보다 이해하기 쉬웠던 것 같다. 반짝반짝하게 한껏 광택을 낸 듯한 디자인, 그레이디언트와 그림자 효과를 충분히 이용해 입체감을 확실히 살린 디자인, 페이지 전체를 화려하게 꾸민 플래시가 유행을 압도했다. 덕분에 몇 가지 디자인 테크닉이나 요령만 익히면 적어도 트렌드에 뒤처지지 않는 사이트를 만들 수 있었다. 그러나 그 후 10여 년 만에 웹은 빠르게 발전했고, 그만큼 디자인 트렌드도 변했으며 다양해졌다. 이제는 사이트들이 저마다의 독특한 개성을 뽐낸다. 무거운 디자인 요소들을 걷어내고, 목적에 충실하면서도 창의성은 잃지 않은 웹사이트가 돋보이는 시대다.

상황이 이렇다 보니 디자인이나 웹 디자인에 관한 배움의 수요는 늘어나고, 그 기대를 저버리지 않게 관련 도서가 넘쳐나고 있다. 디자인 이론과 원리를 상세하게 다루는 지침서에서부터 최신 기술에 발맞춘 디자인 테크닉과 노하우를 알려주는 설명서까지, 이 순간에도 수많은 책이 쏟아져 나오고 있을 것이다.

그런데도 『누구나 쉽게 배우는 웹사이트 디자인의 비밀』의 원서인 『The Principles of Beautiful Web Design』이 세 번째(한국어 번역판은 두 번째) 개정판까지 출간하게 된 것은 이 책이 그만큼의 가치를 지니고 있기 때문일 것이다.

이 책에서는 트렌드에 민감한 디자인 기교보다는 웹 디자인의 핵심적인 원칙을 5부분(레이아웃, 색, 텍스처, 타이포그래피, 이미지)으로 나누어 설명하고 있다. 그중 한 주제에 관해서만 써도 책 몇 권이 나올 만하지만, 여기서는 이론을 너무 장황하고 지루하게 다루지 않는다. 어떤 이에게는 각 이론으로 더 깊이 들어가지 않는 점이 아쉬울 수 있으나, 이 책은 웹 디자인을 시작하려는 사람들이나 디자인 지식이 필요한 개발자/기획자의 첫걸음을 도울 수 있는 입문서에 가깝다. 여기에 나오는 이론을 바탕으로 여러분은 예전과는 다른 눈으로 웹사이트를 볼 수 있게 될 것이다.

특히 저자가 실제로 진행했던 디자인 프로젝트를 예시로 들고 있어서, 각 이론이 실제 디자인에서 구체화되는 모습을 볼 수 있는 것도 장점이다. 디자이너가 일하는 방식과 프로세스도 이해할 수 있어 웹 디자인 실무에 유용할 것이다. 초판과 또 다른 점은 소개하는 예시 사이트들이 대거 바뀌었다는 점이다. 덕분에 최신 디자인의 면모와 경향을 놓치지 않고 살펴볼 수 있다. 그 외에도 다음과 같은 내용을 배울 수 있다.

- 모바일 등 다양해진 사용자 환경에 맞게 디자인할 수 있는 반응형 디자인의 방법
- 반응형 웹 디자인에 필요한 그리드 시스템의 기본과 실제로 활용할 수 있는 프레임워크
- 웹 기술의 발전에 발맞춘 웹 폰트 및 @font-face의 활용과 다양한 웹 폰트 서비스
- 그 외에 웹 디자인을 실질적으로 도울 만한 색, 폰트, 이미지와 관련된 여러 도구와 사이트

이러한 내용은 현재 웹 디자인에 몸담고 있는 사람들에게도 충분히 도움이 될 만하다고 확신한다. 이 책이 웹 디자인에 대한 마법 같은 비결, 모든

문제에 대한 답을 제시해주지는 않지만, 뛰어난 웹사이트 디자인의 비밀을 풀고자 고심하는 여러분의 갈증을 조금이나마 해소해 주기를 바란다. 작은 것부터 이 책의 내용을 실천하다 보면 어느새 여러분은 웹 디자인에 대해 자신 있게 얘기할 수 있게 될 것이다.

이 책이 세상에 나올 수 있게 해준 저자, 그리고 번역의 기회와 도움을 주신 인사이트 출판사분들에게 깊이 감사드린다.

윤지혜

서문

아내와 내가 집으로 처음 이사를 왔을 때, 가장 급한 일 중 하나는 욕실을 고치는 것이었다. 끔찍하게 요란한 꽃무늬 벽지와 금색 세면대, 형편없는 거울과 볼품없는 조명은 안방 욕실에 들어설 때마다 십 년쯤 전으로 돌아가는 기분을 느끼게 했다. 벽지를 떼어내는 것은 힘든 일인데, 특히 몇 장이 겹겹이 붙어 있는 경우에는 더하다. 우리 욕실이 그랬다. 예전 집주인의 벽지 취향이 몇 년에 한 번씩 바뀐 것이 틀림없었다. 그들은 기존 벽지를 제거하고 새롭게 바르는 대신 미운 벽지를 더 미운 벽지로 가리는 방법을 택했다. 아, 이런 것이 내 집을 갖게 된 기쁨이라니!

집을 수리하는 과정에서 배운 한 가지는, 방을 꾸미는 일과 좋은 웹사이트를 디자인하는 일이 아주 유사하다는 사실이다.

좋은 디자인은 디자인에 포함된 요소들의 관계를 다루며, 그 사이에서 균형을 만들어낸다

웹사이트 개선이든 욕실을 꾸미는 일이든, 벽지를 새로 바르거나 배경색을 바꾸는 것 자체가 디자인에 대한 해결책이 되지는 않는다. 그것은 단지 해결 과정의 일부일 뿐이다. 욕실의 벽지를 제거하고 페인트를 칠하는 동안, 우리는 조명 기구도 바꾸고 금색 테두리로 장식한 샤워 문을 없애고, 거울과 조명도 더 좋은 것으로 바꾸고, 수납장도 도색하고, 스위치와 플러그도 바꾸고, 천장의 팝콘 무늬도 긁어냈다. 조잡한 벽지만 바꾸고 다른 것들을 그대로 두었다면, 우리는 촌스러운 느낌의 욕실에서 벗어날 수 없었을 것이다. 웹사이트 디자인도 비슷하다. 있는 것을 다 없애고 새로 시작하기 전에 작지만 시도해볼 만한 개선 방법들이 많다.

유행은 변하지만, 좋은 디자인은 영원하다

최신 디자인 트렌드를 따르면 일시적으로는 확실히 대중의 눈길을 끌 수 있겠지만, 그 트렌드가 얼마나 오래갈까? 내가 아는 한, 마퀴marquee와 블링크blink 태그가 전문 디자인 마크업으로 인정받았던 적이 없다. 그러나 과거에는 자바스크립트를 이용해 공지사항이나 뉴스가 흐르게 하고 조회 수 카운터를 눈에 띄게 만들고, 표 테두리를 두껍게 하는 방식이 인기 있는 홈페이지들을 장식했다. 웹 디자인 세계에서 말하자면 이들은 털 날리는 카펫, 번쩍이는 방음 천장, 가짜 티가 나는 나무 판넬과 같다. 인터넷 웨이백 머신Internet Wayback Machine[1]에 들어가, 90년대 후반의 포춘 500 Fortune 500 사이트나 닷컴 붐이 일어나기 전의 사이트들을 둘러보자. 거기서 좋은 디자인과 그렇지 않은 디자인의 예도 찾아보자. 여러분은 그 오래된 웹사이트 중에서 지금 봐도 놀라울 정도로 괜찮은 페이지를 발견하게 될 것이다. 그런 디자인들은 필시 현란한 포토샵 필터나 유행하는 이미지 효과에 의존하지 않았을 것이다. 이 책을 읽는 동안 좋은 디자인은 기술을 초월한다는 사실을 기억하자.

마무리 작업이 깊은 인상을 만든다

최근에 사람들은 사실 '안티마케팅 디자인'을 좋아한다는 주장을 들었다. 즉 외관을 꾸미지 않은 아마추어의 느낌이 드는 사이트를 오히려 신뢰한다는 것이다. 나는 이런 주장이 핵심을 벗어난다고 생각한다. 여러분이 어떤 종류의 웹사이트를 개발하든, 디자인은 기능성만큼이나 계획적이어야 한다. 아내와 내가 욕실의 기능을 바꾸지는 않았다. 그저 세부적인 부분을 다듬었을 뿐인데, 전혀 다른 모습의 욕실로 탈바꿈했다. 어떤 사람은 그 욕실을 고치지 않고도 있는 그대로 사용할 수 있을지 모른다. 그러나 그게 정확히 바랐던 그 모습이라고 할 사람은 단언컨대 아무도 없었을 것이다. 이처럼, 웹사이트를 만들고 있다면 디자인에 공을 들여야 한다. 어떤 상황에서도 디자인이 마무리되지 않았거나, 되는대로 만들어졌다는 인상을 주어

---

1 http://archive.org/web/

서는 안 된다. 안티마케팅의 일환으로 다듬어지지 않거나 전문적이지 않은 분위기를 연출하고 싶다면 그렇게 하되, 제대로 하라. 다시 말해 디자인을 마구잡이로 할 이유도 없고, 그렇다고 겁을 낼 필요도 없다.

이 책을 통해 이루려는 내 목표는 간단하다. 웹 디자인에 대해 알고 있는 바를 누구나 이해하고 적용할 수 있도록 나누는 것이다. 웹사이트 디자인의 기초는 누구나 알 수 있는 상식이어야 하기 때문이다. 우리는 모두 인터넷 안에서 살고 일한다. 그런데 인터넷은 만들어진 이래 지금까지 못생긴 것을 더 못생긴 것으로 가리는 데 급급했다. 이제는 그 고리를 끊고 더 나은 디자인을 향해 대담하게 나아가야 할 때다.

누가 이 책을 읽으면 좋은가

색을 선택하는 데 예민하다면, 빈 브라우저 창을 보고 떠오르는 영감이 없거나 적절한 폰트를 고르기가 어렵다면, 이 책은 바로 여러분을 위한 책이다. 나는 전통 그래픽 디자인 이론이 오늘날 웹사이트 개발 산업에 어떻게 적용되는지를 체계적으로 제시한다. 이 책은 웹 프로그래머와 개발자를 위한 것이지만, 내용에 담겨 있는 적절한 사례들로 누구나 활용할 만한 디자인 입문서가 되어줄 것이다.

이 책의 내용

이 책은 5개의 장으로 이루어져 있다. 책의 내용을 완전하게 이해하고 싶다면 처음부터 끝까지 차근히 읽어도 되고, 특정 주제에 대해서 상기할 필요가 있다면 건너뛰면서 필요한 부분을 골라 읽어도 좋다.

1장 레이아웃과 구성

디자인은 디자인을 구성하는 각 요소 사이에 존재하는 공간적 관계에 대한 이해에서부터 출발한다. 레이아웃을 다루는 이 장에서는 페이지의 구성요소를 관찰하는 것으로 디자인 과정을 시작한다. 구성요소가 되는 블록들을 정의하고, 여러분이 단단한 기초 위에서 디자인을 시작할 수 있도록 도울 몇 가지 도구와 사례에 관해서도 얘기한다. 이야기를 마무리하는 단계에서는 녹스빌 반사요법Knoxville Reflexology 사이트를 살펴본다. 이 사이트는 모든 장에 걸쳐서 사례로 살펴보게 될 실제 프로젝트다.

2장 색

디자인에서 가장 신비로운 주제가 아마도 색일 것이다. 2장에서는 색을 조명해보고 색채 이론의 심미적 측면, 과학적 측면 모두를 깊이 탐구한다. 이 간단한 지침과 함께 조화로운 색 조합을 만드는 요령으로 무장한 후, 여러분은 서로 잘 어울릴 뿐 아니라 웹사이트의 전체적 메시지를 뒷받침해줄 색을 고를 수 있게 될 것이다. 마지막으로, 녹스빌 반사요법의 색 팔레트가 어떻게 결정되었는지를 배운다.

3장 텍스처

웹 디자인에서 간혹 간과되는 텍스처는 사실 멋진 디자인을 만드는 데 중요한 열쇠다. 텍스처의 각 요소가 어떻게 기능하는지를 이해하면, 여러분은 점, 선, 도형을 활용해 사이트의 메시지를 여러 수준으로 지원하고 전달할 방법을 배우게 될 것이다. 그런 후에는 우리가 예시로 드는 웹사이트의 은근한 텍스처가 어떻게 사이트의 정체성과 특성을 형성했는지 확인해 볼 것이다.

4장 타이포그래피

타이포그래피의 중요성은 결코 부정할 수 없다. 활자는 어디에나 사용되기에, 모든 시각 디자이너는 문자 언어의 메커니즘을 반드시 이해해야 한다. 여기서는 이 거대한 주제를 깊이 파고들어 글자체의 기본을 살피고 다양한 활자체의 차이를 조사한다.

5장 이미지

잘 디자인된 사이트에는 페이지를 멋지게 꾸며주는 이미지와 일러스트레이션이 꼭 들어간다. 마지막 장에서 우리는 페이지에 사용하는 시각적 요소에서 추구해야 할 점에 대해서 논의하고, 합법적으로 이미지를 얻을 수 있는 곳을 알아본다. 물론, 적절한 이미지를 찾는 것은 시작에 불과하다. 우리는 이미지 편집에 대한 기본을 배우고, 예제 프로젝트의 마무리 단계를 확인할 것이다.

이 책에서 사용된 규칙

이 책을 읽다 보면 특별한 종류의 정보를 나타내기 위해서 특정 타이포그래피와 레이아웃을 사용한 것을 알 수 있을 것이다. 다음을 보자.

코드 예시

이 책에서 코드를 나타날 때에는 고정폭 폰트를 사용한다.

```
<h1>A Perfect Summer's Day</h1>
<p>It was a lovely day for a walk in the park. The birds
were singing and the kids were all back at school.</p>
```

어떤 코드는 한 줄로 이어서 써야 하지만, 페이지와 글상자 너비의 제약 때문에 줄을 바꾼 경우가 있다. ↳ 이 표시는 서식 때문에 생긴 줄바꿈이며 실제 코딩에서는 무시해야 함을 나타낸다.

```
URL.open("http://www.sitepoint.com/blogs/2007/05/28/user-style-she
↳ets-come-of-age/");
```

팁, 노트, 주의

> 🔊 **잠깐!**
>
> 팁은 여러분에게 유용한 지침을 제공한다.

> 📖 **에헴, 실례지만…**
>
> 노트는 주제와 관련되지만 중요하지는 않은, 참고하면 좋을 유용한 여담이다. 추가적인 정보 조각 정도로 생각하면 된다.

⊙ 조심하세요!

주의 사항에서는 여러분의 디자인 과정에서 나올 만한 난관을 보여준다.

보충 자료

http://www.learnable.com/books/the-principles-of-beautiful-web-design/

이 책의 공식 웹사이트로 링크, 업데이트, 자료 등을 제공한다.

http://www.sitepoint.com/forums/forumdisplay.php?53-CSS-amp-Page-Layout

사이트포인트SitePoint 출판사의 포럼 사이트로, 까다로운 웹 문제 해결에 도움을 준다.

books@sitepoint.com

우리의 이메일 주소. 도움이 필요하거나 문제를 제기할 때, 또는 그 외에 필요할 때 사용할 수 있는 연락처다.

일러두기

1. 이 책의 원서에서 예로 든 웹사이트 가운데 몇몇은 리뉴얼이 되어 디자인이 바뀌거나 페이지가 삭제되어 없을 수 있습니다.
2. 정리 박스(1장과 4장)는 네이버 디자인센터 수석디자이너 홍새로나 님께서 작성해 주셨습니다.
3. 원서에 나오는 책 제목과 사이트 이름 등은 한국 독자들의 이해를 돕기 위해 번역이나 음독 후 괄호 안에 영문 병기했습니다.

레이아웃과 구성

나를 포함한 많은 웹 개발자들이 디자인 프로세스에서 가장 겁내는 단계가 바로 시작하는 단계다. 달랑 커피 한잔과 고객이 될지도 모를 사람의 명함만 들고 책상 앞에 앉는 순간을 상상해보라. 명함의 주인인 이 고객에게는 기본적인 기업 웹사이트가 필요하다. 명함은 보통 회사의 정체성에 대해 많은 것을 말해주고, 디자인에 필요한 영감을 주기도 한다.

그런데 불행히도, 그림 1.1의 '스미스 서비스Smith's Service'의 명함은 그 경우가 아니다. 있는 것이라고는 검은색, 흰색, 그리고 글씨뿐, 아무런 특징이 없다. 게다가 아무것도 없는 바탕이라니! 자, 이제 어디서부터 시작해야 할까? 계획을 세워보자. 우선 스미스 씨에게 연락해야 한다. 당사자로부터 회사에서 실제로 하는 일을 듣고, 작업할 콘텐츠에 대한 정보를 수집하는 과정은 중요하다. 또, 그래야 성공적으로 디자인할 수 있다.

그림 1.1 특징 없이 단조로운 고객의 명함

예술적 재능과 관계없이 누구나 잘 기능하고 보기에도 좋은 디자인을 만들 수 있다. 약간의 경험과 기본적인 레이아웃 원리에 대한 실무적인 지식만 있으면 충분하다. 그러니 기본부터 시작하자. 머지않아 마치 갤러리처럼 멋진 웹사이트를 디자인할 때 필요한 기초를 다질 수 있을 것이다.

디자인 프로세스

웹사이트 디자인은 양날의 검과 비슷하다. 그 프로세스는 예술, 과학 그리고 문제해결적 사고의 중간 어디쯤 위치한다. 미적으로 아름다운 사이트를 만들려고 노력하는 것도 맞지만, 궁극적인 목표는 고객의 필요를 충족시키는 것이다. 그 필요가 높고 정교할 수도 있지만, 단순히 정보를 제공하는 것에 그칠 수도 있다. 고객의 소리를 충분히 듣지 않으면 프로젝트에 실패하고 결국 우리의 명성도 잃을 수 있다. 웹사이트나 애플리케이션의 개발, 호스팅, 유지보수 등 구체적인 기술은 너무 전문적이다. 그러나 디자인 시안을 만드는 과정은 간단히 세 가지 주요 과제로 분류할 수 있다. 바로 알아내기, 연구하기, 실행하기다.

📖 시안이란?

시안comp이라는 단어는 '종합 견본comprehensive dummy'의 약어로 출판 디자인에서 유래한 용어다. 완성본 레이아웃을 최종 출판하기 전에 완전한 형태의 레이아웃을 인쇄해 본 견본이다. 이 용어를 웹 디자인에 맞게 해석하자면, 시안은 HTML로 디자인 프로토타입을 제작하기 전에 그리는 레이아웃의 이미지라 하겠다.

알아내기

디자인 프로세스에서 '알아내기'는 고객을 만나 그들이 하는 일을 배우는 단계다. 다소 이해가 되지 않는 과정일 수도 있지만 고객이 누구인지, 그들이 사업을 어떻게 운영하는지에 대해 정보를 얻는 일은 적절하고 효과적인 디자인을 만드는 데 필수다.

고객과 첫 미팅을 잡기 전에 그들의 사업에 대해 조사할 시간을 가져라. 웹사이트 디자인을 의뢰 받았다면 현재에는 웹사이트가 없을 수 있다. 그래도 검색 사이트에서 꼭 찾아보자. 상대방의 사업과 관련해 명확한 정보를 찾기 어렵다면, 첫 미팅 전에 그 분야에 대해서라도 최대한 배워둬야 한다. 가능하면 처음에는 직접 만나는 것이 좋다. 고객이 멀리 있는 경우 전화로 미팅을 진행할 수도 있지만, 같은 도시 내에 있다면 직접 만날 수 있는 시간을 잡자.

첫 미팅에서는 고객에게 깊은 인상을 주며 자신을 드러내거나 웹사이트를 파는 것보다는 고객과 의견을 나누고 그들이 원하는 것을 파악하는 것이 더 중요하다는 사실을 염두에 두자. 말하기보다는 들으려고 하고 기록할 수 있는 노트를 지참한다. 랩톱 컴퓨터나 태블릿으로 웹사이트 사례를 보여줄 때는 그 시간을 제한한다. 사람들은 컴퓨터 화면을 주시하는 경향이 있어서다. 그러나 미팅 내내 화면만 보는 게 아니라면, 그 순간에는 내용을 기록하게 될 가능성이 높다. 꼭 전자기기를 지참하고자 한다면 녹음기를 가져가 대화를 녹음하자. 물론 사전에 고객의 허락은 받아야 한다. 하지만, 내 경험상 기기와 친하지 않은 고객에게는 노트가 특히 편안하고 집중되는 분위기를 준다.

🎙 고객과의 회의장소가 꼭 사무실일 필요는 없다

대형 사무실을 가진 회사와 일을 하더라도, 내 경험상 가장 생산적인 회의는 오히려 카페 또는 점심식사 자리에서 이루어지곤 했다. 이 방법의 실행 가능성은 고객에 달렸다. 고객이 격식 있는 비즈니스 유형이라면 제안하지 않는 것이 좋다. 그러나 대개 이렇게 하면 사업상의 회의를 보다 친밀하게 만들 수 있다.

검색엔진을 통해서 이미 공부했다 하더라도, 나는 첫 미팅에서 주로 다음과 같은 질문들을 던진다.

- 어떤 일을 하는 회사인가요?
- 회사에서 당신이 하는 일role은 무엇인가요?[1]
- 회사 로고나 브랜드가 있나요? 웹사이트를 구축하면서 달성하려는 목표는 뭐죠?
- 온라인에서 제공하고자 하는 정보는 무엇인가요?
- 목표 사용자는 누구입니까? 나이, 성별, 거주지 등 인구학적 정보 중에서 사용자들에게 공통되는 부분은 없나요?
- 경쟁자는 누구인가요? 그들은 웹사이트가 있나요?
- 당신이 좋아하는 또는 싫어하는 웹사이트 사례에는 어떤 것이 있나요?
- 프로젝트의 일정이나 예산은 어떻게 되나요?

기존의 웹사이트를 디자인하는 프로젝트라면 다음과 같은 질문들도 덧붙인다.

- 사이트에 오는 방문자들은 대체로 무엇을 찾으러 옵니까?
- 현재 디자인의 문제점은 무엇인가요?
- 재디자인에서 얻고자 하는 것은 무엇인가요?
- 현재 사이트에서 유지하기 원하는 부분은 없으세요?
- 사이트의 새 디자인에 대해 방문자들의 반응은 어떨 것으로 예상하세요?

연구하기

디자인 프로세스의 다음 단계는 고객으로부터 배운 정보를 사무실로 가지고 돌아가 분석, 해부, 실험하는 것이다. 고객이 제공하는 정보나 상품, 서비스를 완전히 파악하고 그것들이 어떻게 정리될 수 있는지 이리저리 고민해야 한다. 웹사이트 방문자들의 처지에서 생각하고 그들이 무엇을 원하는지 자문해보자. 상품을 사려고 한다면, 구입 전에 필요한 것은 무엇인

---

[1] 상대방이 주된 연락 담당자일 때 이 질문은 특히 중요하다.

가? 서비스에 등록하는 것이라면, 어디에서 정보를 얻고 어떤 레벨의 서비스가 적절한지 알 수 있는가? 'x' 페이지에 붙일 만한 가장 명확한 타이틀은 무엇이고, 'y' 페이지로 가기까지 몇 단계나 필요한가?

이 부분은 웹 디자인계에서 **정보 설계**information architecture, IA라 부르는 과정의 초기 단계에 해당한다. 확장형 웹사이트나 복잡한 웹 애플리케이션에서 정보 설계는 그 자체로 하나의 전문분야다. 그러나 이 분야의 근본 원리가 작은 웹사이트를 제작할 때에도 튼튼한 기초가 될 수 있다. 우리가 말하는 '연구하기' 과정에서는 웹사이트의 콘텐츠와 흐름을 조직해서 디자인을 입힐 구조를 만드는 일에 초점을 맞춘다.

이 단계에서 가장 필수적인 도구는 종이(있다면, 화이트보드)와 많은 양의 포스트잇이다. 웹사이트에 들어가는 모든 조각의 목록을 만들고, 그것들을 상위그룹과 하위그룹 들로 묶어본다. 하다 보면 조각들이 꽤 많이 이동하게 되는데 이때 포스트잇이 유용하다. 사이트의 모든 섹션, 하위 섹션, 페이지를 모두 적은 다음에는 사이트 내비게이션에 나타날 순서대로 벽에 정리해본다. 과다한 옵션으로 방문자에게 부담을 주지 않으면서도 정보가 너무 사이트 깊숙이 묻히지 않게, 즉 홈페이지에서부터 너무 많이 클릭하지 않도록 해야 한다. 이 단계에 적용되는 불변의 규칙 같은 건 없다. 정보를 가능한 한 명확하게, 접근하기 쉽게 만드는 것이 전부다.

실행하기

정보를 어떻게 조직할 것인지 생각한 다음, 디자인 프로세스의 '실행하기' 단계는 레이아웃을 만드는 것으로 시작한다. 어떤 프로젝트에서든 웹사이트 구축의 기술적인 면에만 몰두하지 않도록 주의해야 한다. 적어도 프로젝트 초기에는 그렇다. 이 시점에서는 사이트를 HTML로만 구성할지, 콘텐츠 관리 시스템 템플릿을 이용할지, 루비 온 레일스Ruby on Rails로 만들지 결정하는 게 중요하지 않다. 요점은 우리에게는 디자인해야 할 인터페이스가 있고, 빈 종이가 있다는 사실이다. "종이라고?" 그렇다. 내가 벌써 여러분을 컴퓨터 앞에 보내주리라 생각했는가? 결코, 아니다. 그 이유는 이렇다. 컴퓨터 앞에서 레이아웃을 생각하기 시작하면 디자인에 대한 집중력을 잃기가 쉽다. 반면에 종이에서 시작하면 브라우저나 CSS의 기술적 한계를 무시하고 최종 결과물의 모습에만 초점을 맞출 수 있다. 유능한 디자이너들은 고급 스케치북을 들고 다니면서 비싼 마커와 붓으로 다빈치스러운 웹 페이지 레이아웃을 그려내리라 생각할 수도 있다. 나는 79센트짜리 스프링노트와 책상 위에 있는 아무 필기구나 사용한다.

나는 몇 가지 그럴듯한 레이아웃을 스케치해보는 것으로 시작한다. 몇 개를 그리고 난 후에는 마음에 드는 하나를 고르고, 포토샵으로 들어가 사각형 도구로 종이에 표시했던 영역을 그려낸다. 레이아웃을 결정하면 전경색과 배경색을 바꿔보면서 색 배합을 설계한다. 그리고는 마침내 고객에게 보여줄 시안이 나타날 때까지, 계속해서 포토샵 도구들을 만지작거리고 픽셀을 조정해본다.

간단해 보이지 않나? 물론 짧게 설명하느라 내가 몇 단계를 건너뛰었을 수 있다. 그러나 솔직히, 사람들이 일하는 방법을 물을 때마다 나는 위와 비슷하게 대답해준다. 사실 개인적인 과거의 경험, 디자인 전공과 미술 수업 등에서 얻은 정보들이 이제는 내 잠재의식에 저장되어, 그것으로 나만의 디자인 프로세스를 정의할 수 있게 되었다.

디자인 방법을 배우는 것은 프로그래밍 방법을 배우는 것과 비슷하다. 디자인 재주를 타고나는 사람도 있지만, 누구나 배울 수도 있다. 좋은 코드와 불량한 코드가 있듯이 디자인에도 좋은 디자인과 나쁜 디자인이 있다. 디자인과 관련된 몇 가지 원리와 관례를 배우면 좋은 디자인, 나쁜 디자인, 못생긴 디자인의 차이를 이해할 수 있다. 또 자신만의 디자인 프로세스도 수립할 수 있을 것이다.

좋은 디자인의 정의

웹사이트 디자인을 보고 사람들이 "좋다" 또는 "나쁘다"를 판단하는 데는 두 가지 관점이 있다. 하나는 엄격한 사용성의 관점으로, 기능성, 정보 제시의 효과성, 효율성에 초점을 맞춘다. 다른 하나는 순수하게 미적인 관점으로, 디자인의 예술적 가치와 시각적 매력이 최우선이다. 어떤 사람은 아름다움이나 그래픽에 사로잡혀 사용자를 잊는 반면, 어떤 사용성 전문가들은 시각적인 측면은 잊고 사용성 테스트에 몰두한다. 사람들에게 다가가고 관심을 끌기 위해서는 두 가지 모두를 극대화하는 것이 중요하다.

잊지 말아야 할 가장 중요한 사실은 디자인은 곧 커뮤니케이션이라는 점이다. 잘 기능하고 정보도 잘 보여주는 웹사이트를 만들었어도 보기에 조악하거나 고객의 브랜드와 어울리지 않는다면 아무도 그 사이트를 사용하지 않을 것이다. 또, 아름다운 웹사이트라도 사용하기 어렵거나 접근할 수 없다면 사람들은 떠날 것이다. 실제로, 완성된 웹사이트 디자인에서 요소와 기능은 하나의 응집된 단위를 이루어야 한다. 왜냐하면,

사용자는 디자인에 기꺼워 하지만, 콘텐츠에 끌린다

사용성 전문가들의 가장 큰 관심사 중 하나는 사용자가 원하는 정보를 얻으려고 페이지를 훑어보는 데 걸리는 시간이다. 사용자가 찾는 것이 콘텐츠 한 조각이든 다른 페이지로의 링크든 입력창이든 상관없다. 이때 디자인이 방해요소가 되어서는 안 되며, 오히려 사용자와 정보를 연결하는 길이 되어줘야 한다.

하모니 리퍼블릭Harmony Republic[2]은 아름다운 동시에 사용하기 쉬운 디자인의 좋은 예다(그림 1.2). 화려하게 질감을 살린, 다채로운 일러스트레이션이 페이지 전체에 흐르고 있으며 손으로 그린 듯한 내비게이션과 단순한 레이아웃이 페이지를 꾸미고 있다. 손으로 만든 듯하고 자연의 느낌이 드는 요소들이 풍부해, 소개된 아티스트들과 대비를 이루면서도 페이지의 가독성이나 배치에 방해받지 않게 시선을 아티스트에게로 유도한다.

---

2   http://www.harmonyrepublic.com/

그림 1.2 Harmony Republic의 사이트

사용자는 직관적인 내비게이션을 통해 쉽게 이동할 수 있다

내비게이션의 위치에 대해서는 뒤에서 자세히 얘기할 테지만, 주 내비게이션 영역은 페이지에서 확실히 눈에 띄어야 하며 각 링크에는 이동할 페이지를 충분히 설명하는 제목을 붙여야 한다. 마우스 커서를 올렸을 때 모양이 변할 뿐 아니라 활성화된 페이지나 섹션을 알려주는 내비게이션 구조는 (그림 1.3에서 볼 수 있듯) 사용자로 하여금 자신의 위치를 알게 해주고 원하는 페이지로 이동할 방법을 알게 해준다.

그림 1.3 워싱턴 DC에 위치한 웹 디자인 회사, nclud.com의 내비게이션 메뉴

2차 내비게이션, 검색창, 외부로 이동하는 링크 등은 페이지에서 두드러지는 요소가 되어서는 안 된다. 이 요소들을 찾기 쉽게 하되 시각적으로 콘텐츠에서 분리하면 사용자가 정보에 집중할 수 있다. 그래도 사용자는 다른

콘텐츠로 이동하려 할 때 어디를 찾아봐야 하는지 알 것이다.

사용자는 각 페이지를 사이트의 일부로 인지한다

홈페이지의 레이아웃과 다른 페이지들의 레이아웃이 현저하게 다를 수 있다. 그렇다 하더라도 디자인의 조화를 유지하기 위해서는 모든 사이트 페이지에 적용되는 일관된 테마 또는 스타일이 있어야 한다.

그림 1.4에서 무어 경영대학 Moore School of Business 웹사이트[3]에 속한 페이지들의 스크린샷을 보자. 각 페이지의 콘텐츠 영역은 서로 다르게 나뉘어 있지만, 사용자가 이 페이지들이 같은 사이트에 속해 있다는 것을 알 수 있는 몇 가지 시각적 장치가 있다. 이 통일감은 주로 아이덴티티와 내비게이션 영역의 반복에서 온다. 아주 제한된 색상 팔레트(검정, 회색, 노랑, 빨강)를 일관적으로 사용한 점 또한 페이지들을 통일되어 보이게 한다.

그림 1.4 Moore 경영대학 웹사이트에 속한 페이지들

3   http://mooreschool.sc.edu/

웹 페이지 분석

디자이너가 아닌 사람의 관점에서조차, 내가 위에서 얘기한 모든 요건을 충족하는 디자인을 정의하기는 간단하다. 이는 자석으로 만든 싯구poetry words 몇 개로 냉장고 문에 문장을 만드는 것과 비슷하다. 단어를 배열하는 방법은 수만 가지가 있지만, 말이 되는 배열은 그중 몇 되지 않는다. 단어 자석은 웹 페이지의 부품 또는 블록과 같다. 필요한 블록의 수는 사이트의 크기와 주제에 따라 달라지지만, 웹사이트 대부분은 그림 1.5에 있는 요소들을 포함한다.

그림 1.5 웹사이트 분석

각 요소를 차례로 살펴보자.

컨테이너

모든 웹 페이지에는 컨테이너가 있다. 컨테이너는 페이지상 body 태그나 모든 것을 담고 있는 div 태그 부분에 해당한다. 어떤 종류든 컨테이너가 없다면 페이지에 보여줄 콘텐츠를 넣을 곳이 없다. 요소들은 브라우저 창

영역을 벗어나 빈 공간에 떠다니게 될 것이다. 컨테이너의 너비는 유동적으로 브라우저 창의 너비에 맞게 확장될 수도 있고, 창 크기에 상관없이 콘텐츠 너비가 동일한 고정형일 수도 있다.

로고

디자이너들이 아이덴티티라고 말할 때는 회사의 다양한 마케팅 형식(명함, 회사 편지지, 안내서 등[4]) 모두에 적용되는 로고나 색을 말한다. 웹사이트에 나타나는 아이덴티티 블록은 회사의 로고나 이름을 포함해야 하며, 웹사이트 각 페이지의 위쪽에 위치해야 한다. 아이덴티티 블록은 사용자가 보는 페이지가 한 사이트에 속해 있다는 사실을 알려줌으로써 브랜드 인지도를 높여준다.

내비게이션

사이트 내에서 내비게이션 시스템은 찾거나 사용하기에 쉬워야 한다. 사용자는 내비게이션이 바로 페이지 상단에 보이길 기대한다. 페이지 측면에 세로형 메뉴를 사용하든 페이지를 가로지르는 가로형 메뉴를 사용하든, 내비게이션은 가능하면 레이아웃의 위쪽에 있어야 한다. 적어도 모든 주 내비게이션 요소들은 '접는 선 위'에 위치해야 한다.

> ### 📄 접는 선 위
>
> 많은 디자이너가 '접는 선[fold]'이라 부르는 부분은 사용자가 스크롤바를 내리기 전에 페이지가 끝나는 곳을 말한다. 이 표현은 접힌 신문지의 모습에서 유래했다. 신문의 1면을 보면 신문지가 접혀 있더라도 한눈에 주요 소식을 알아볼 수 있도록 대부분의 표제나 중요 기사들은 상단에 있다. 웹 페이지에서의 접는 선은 브라우저의 크기와 사용자의 화면 해상도에 따라 달라진다.

---

4   많은 사람이 '아이덴티티(identity)'와 '브랜딩(branding)'을 혼용한다. 브랜딩은 넓은 의미의 용어로 회사, 상품, 서비스에 대한 관심을 키우는 과정을 말한다. 브랜딩 과정은 광고, 시장조사, 소비자 피드백 등을 포함한다. 아이덴티티는 브랜딩의 하위 개념으로 브랜딩의 시각적 측면만 다룬다.

콘텐츠

콘텐츠가 왕이다. 콘텐츠는 웹사이트에 있는 어떤 텍스트, 이미지 또는 동영상으로 구성된다. 보통 방문자들은 웹사이트에 들어와 몇 초 안에 나가게 된다. 방문자들이 찾으려는 것을 발견하지 못하면 틀림없이 브라우저를 닫거나 다른 사이트로 이동할 것이다. 방문자가 훑어만 보아도 원하는 정보를 찾도록 주된 콘텐츠 블록을 중심에 놓고 디자인을 유지하는 것이 중요하다.

푸터

페이지 하단에 위치한 푸터는 보통 저작권, 연락처, 법률정보, 사이트의 주요 섹션으로 이동하는 링크 등을 포함한다. 사업 관련 콘텐츠를 브라우저 창 하단에서 분리함으로써, 푸터는 사용자에게 페이지의 마지막에 왔음을 알려준다.

여백

그래픽 디자인 용어로 여백(또는 빈 공간)은 문자 그대로, 문자나 그림이 없는 페이지의 모든 영역을 의미한다. 많은 초보 웹 디자이너(그리고 수많은 고객)가 웹 페이지 전체를 사진, 텍스트, 표나 데이터로 채우려고 하지만, 페이지상의 여백은 콘텐츠 영역만큼이나 중요하다. 신중하게 계획된 여백이 없다면 디자인은 사람으로 붐비는 방처럼 답답하게 느껴질 것이다. 여백은 사용자의 시선을 페이지 곳곳으로 유도하여 디자인이 '숨 쉴 수 있게' 할 뿐 아니라, 균형감과 통일감을 느끼게 해준다. 균형과 통일이라는 두 가지 중요한 개념에 대해서는 이 장의 뒷부분에서 더 자세하게 다룰 것이다.

자, 이제 우리는 고객인 스미스 씨와 첫 미팅을 했고 많은 도움이 되었다. 그는 자기 사업이 하는 일에 대해 충분하게 설명했고, 사이트를 통해 이루길 원하는 목표도 이야기했다. 아직 실제 콘텐츠를 봐야 하지만, 우리는 웹 페이지를 이루는 표준 블록들을 사용해서 레이아웃을 그리기 시작할 수 있다. 많은 웹사이트들이 특유의 블록을 레이아웃 디자인에 포함하기도 하지만, '웹 페이지의 구조'는 가장 보편적인 블록들만 요약한 것이다.

이제 정보를 충분히 얻었으니, '스미스 서비스'의 기초적인 레이아웃을 만드는 데 그 정보를 어떻게 사용할 수 있을까? 그리드grid 이론에 대해 배울 차례다.

그리드 이론

많은 사람이 그리드를 생각할 때 공학과 건축을 떠올린다. 그러나 그리드는 그래픽 디자인에서도 필수적인 도구이며, 웹사이트 디자인에서 그리드의 사용은 지난 몇 년간 폭발적인 인기를 끌었다.

그리드를 사용한다는 것이 단순히 요소들을 페이지에 똑바로 배치하고 줄 세우는 것만을 의미하지 않는다. 비율도 함께 고려해야 함을 뜻한다. 그래야 비로소 그리드 이론이 된다. 많은 미술사 전공자들은 네덜란드의 화가 피에트 몬드리안Piet Mondrian의 정교한 그리드 활용을 인정하여 그를 그래픽 디자인의 아버지로 여긴다. 하지만 전통적인 그리드 이론도 수천 년 동안 예술적으로 큰 영향을 끼쳐왔다. 구성물의 요소들을 분할한다는 개념은 피타고라스와 그의 제자들이 정리한 수학적 아이디어로 거슬러 올라간다. 그들은 숫자를 하나의 단위로 보기보다는 비율로 정의했다.

피타고라스와 제자들은 자연에서 자주 발생하는 탓에 신의 영감으로 생긴다고 믿었던 수학적 패턴을 관찰했다. 그들은 이 패턴을 황금비 또는 신성한 비율이라고 불렀다. 기본 개념은 그림 1.6과 같다.

그림 1.6 황금비

선분을 1.62로 나누면 황금비로 이등분할 수 있다. 마법의 숫자인 1.62는 엄밀히 말해 1.6180339…로, 보통 Φ(파이)로 표시되는 비논리적인 숫자다. 너무 깊이 들어가는 데다 여러분이 더 좋은 디자이너가 되는 데 실질적인 도움이 되지 않으므로, 이 숫자가 도출된 수학적 배경에 대한 설명은 피하겠다. 게다가 내 수학 실력도 이미 녹슬었다.

비율과 그래픽 디자인은 어떤 관계가 있을까? 일반적으로 황금비에 비례하게 나눈 구성은 미적으로 아름답다고 받아들여진다. 르네상스 시대 화가들은 황금 비율을 사용해 그림, 조각, 건축물을 완성했다. 이처럼 오늘날의 디자이너들도 간혹 이 비율을 이용해 페이지 레이아웃, 포스터, 소책자 등을 제작한다. 예술적 감각에만 따른 견해에 의존할 때보다, 이 멋진 비율은 보기 좋은 레이아웃을 만드는 데 필요한 논리적인 지침을 제공한다.

그림 1.7에서 보는 해바라기는 자연에서 발견할 수 있는 황금비의 사례다. 해바라기 꽃 가운데 부분의 지름은 꽃잎까지 포함한 해바라기 전체 지름을 Φ로 나눈 크기다.

그림 1.7 자연에서 발견되는 황금비

3등분의 법칙

황금비의 단순화된 형태가 바로 3등분의 법칙이다. 황금비에 의해 2등분된 선분은 한쪽이 다른 쪽의 2배 정도의 길이가 된다. 구성물을 3등분하면 계산기 없이도 황금비를 쉽게 적용할 수 있다.

빠르게 여러 레이아웃을 시험하기 위해서 나는 종이에 단순한 3등분 그리드를 연필로 잔뜩 그려놓고 시작하기를 좋아한다. 먼저 직사각형을 그린 후 세로와 가로 방향으로 각각 3등분한 다음, 각 수직선 중앙에 수직선을 하나 더 그려 총 6개의 열을 만든다. 그림 1.8에 그리드가 나와 있다.

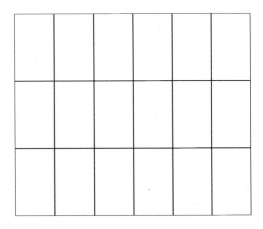

그림 1.8 단순한 그리드

이 단순한 격자 무늬가 완성되면 우리는 요소들을 배치할 수 있다. 이 과정을 '와이어프레임wireframe'이라고도 한다. 와이어프레임이란 간단한 스케치 또는 레이아웃으로, 그 위에 페이지에 들어갈 콘텐츠 블록을 디자인하고 위치를 잡는다. 요소들을 빠르고 쉽게 배치해볼 수 있다는 점에서 와이어프레임은 상당히 유용하다. 가장 큰 바깥쪽outmost 사각형은 우리가 '웹 페이지 구조'에서 얘기한 컨테이너에 해당한다. 이러한 레이아웃 디자인 기법을 사용할 때 나는 주로 가장 큰 블록의 위치를 먼저 잡는다. 대개 그 블록은 콘텐츠를 나타낸다. 먼저 3등분 그리드 레이아웃의 오른쪽 아래, 2/3 지점에 콘텐츠 블록을 배치한다. 그 다음 내비게이션 블록을 왼쪽 열의 중앙 부분에 놓는다. 아이덴티티 블록 중에서 텍스트는 콘텐츠의 왼쪽 위에, 이미지는 메뉴 위에 자리 잡는다. 마지막으로 저작권 블록을 콘텐츠 아래의 오른쪽 그리드 안에 구겨 넣는다. 그 결과 그림 1.9의 네 그림 중 왼쪽 위에 보이는 레이아웃이 만들어진다.

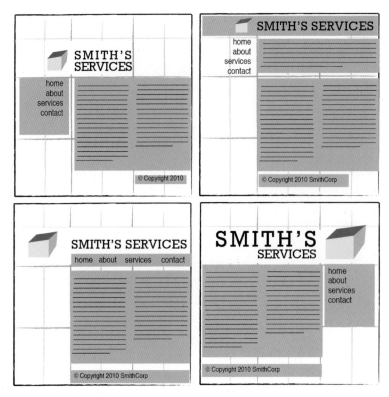

그림 1.9 3등분의 법칙을 따라 그린 4종류의 레이아웃

이 같은 초기 스케치들은 일반적인 레이아웃 형태가 당신이 만드는 웹사이트에 적용되었을 때 어떤 모습으로 보일지 감을 잡게 해준다. 여기서 공부를 멈출 필요가 없다. 그리드에 기초한 디자인이 웹에서 점차 대중화되면서 그리드를 활용한 웹사이트 디자인 방법에 대해 훌륭한 글과 도구들이 많이 나와 있다.

960 그리드 시스템

내가 웹사이트의 요소들을 배치해볼 때 즐겨 사용하는 것은 네이선 스미스Nathan Smith의 960 그리드 시스템 템플릿[5]과 스케치 용지들이다. 웹 디자

5 http://960.gs/

이너인 코이 빈Khoi Vinh과 마크 불턴Mark Boulton이 쓴 글에 영감을 받은 960 그리드 시스템은 기본적으로 CSS 프레임워크다.

📖 CSS 프레임워크

CSS 프레임워크란, 웹사이트의 그리드 구조를 다루기 위해 만들어진 CSS 체계를 말한다. 일반적인 CSS 프레임워크는 12단, 18단 또는 24단짜리 레이아웃이 기본이다. 이 숫자들은 1, 2, 3, 4, 6으로 나뉘는 까닭에, 가장 많은 조합으로 다양한 단 너비를 제공할 수 있어 선택되었다.

템플릿의 너비는 캐머런 몰Cameron Moll의 글에서 나왔다. 1,024px 너비의 화면에 어떤 너비가 잘 맞을지를 고려했을 때, 캐머런은 960px이라는 결론에 도달했다. 그는 그 수가 3, 4, 5, 6, 8, 10, 12, 15, 16으로 나뉠 수 있어 그리드로 활용하기에 이상적인 너비임을 지적했다. 네이선은 이 아이디어를 프레임워크로 구성하고 3가지 레이아웃의 토대를 만들었다. 12단, 16단, 24단 레이아웃이 그것이다. 나는 개인적으로 12단 템플릿으로 작업하는 것을 좋아한다. 단을 4개씩 묶어 3등분, 3단씩 묶어 4등분, 6단씩 묶어 2등분 등으로 콘텐츠를 쉽게 나눌 수 있기 때문이다. 이 스케치 용지를 활용하면 여러분이 그린 스케치나 목업mock-up을 실제 작동하는 프로토타입으로 옮기기가 쉽다. 이 방식은 파운데이션Foundation[6]이나 부트스트랩Bootstrap[7] 같은 많은 다른 일반적인 CSS 프레임워크에도 잘 적용된다. 이들도 12단 그리드에 기반을 두고 있어서다. 이 둘에 대해서는 조금 뒤에 자세하게 다룰 것이다.

레이아웃상에서 다양한 배치 방식을 시험해볼 때, 어떤 그리드를 선택했든 단을 정렬 기준으로 삼아 아이덴티티, 내비게이션, 콘텐츠, 푸터 블록들을 배치한다. 모든 요소를 하나 또는 두 개의 블록에 넣기 쉽지만 그러지 않도록 주의해야 한다. 시각적으로 전혀 흥미롭지 않기 때문이다. 그 대신 몇 요소는 다른 단에 넣거나 아예 동떨어지게 배치해보자. 신임 디자이너

---

6   http://foundation.zurb.com/
7   http://getbootstrap.com/

그림 1.10 16단 그리드를 입힌 10K Apart 웹사이트

들이 그리드를 사용하면서 느끼게 되는 가장 큰 불만은 모든 것이 바둑판 모양으로 짜놓은 듯 보인다는 점이다. 이런 이유로 그리드 활용을 반대하는 이들에게는 10K 어파트10K Apart[8]와 같은 웹사이트를 보라고 얘기해주고 싶다. 그림 1.10에 보이는 빨간색 단은 960 그리드 시스템 템플릿 중 16단 짜리에 해당한다. 웹사이트에서 그리드가 실제로 눈에 보이는 것은 아니다. 그리드의 단들이 감추어지면 이 디자인이 그리드를 기초로 만들어졌다는 것을 전혀 눈치채지 못할 수도 있다.

8 http://10k.aneventapart.com/

그래픽 디자인의 선구자이자 『Grid Systems in Graphic Design』의 저자인 요셉 뮐러-브로크만 Josef Müller-Brockmann은 다음과 같이 말한다. "그리드 시스템은 만병통치약도 보증수표도 아니다. 다만 다수의 가능성을 제공한다. 디자이너는 개인적인 취향에 맞는 솔루션을 찾을 수 있다. 그러나 그 전에 그리드 사용법을 배워야 한다. 연습이 필요한 예술이다."[9]

구조, 그리드, 이상적인 비율에 대한 우리의 열망은 인간의 본성 깊숙이 배어 있다. '어딘가 잘못되어 보이는' 레이아웃은 그리드에서 요소들을 움직여보고 크기를 조절하여 고칠 수 있다. 레이아웃이 적절하지 않으면 계속해서 시험해보자. 어느 순간, 모든 조각이 맞춰지면서 테트리스 게임의 레벨업 신호가 머릿속에 울릴 것이다. 균형을 이루어낸 것이다.

균형

비유로 얘기하자면, '시각적 균형'이라는 개념은 시소로 표현되는 물리적 균형과 비슷하다. 물리적 사물들이 무게를 갖듯, 레이아웃에 놓이는 요소들도 마찬가지다. 레이아웃 양쪽에 있는 요소들의 무게가 같을 때 그들은 서로 균형을 이룬다. 시각적 균형에는 대칭적 균형과 비대칭적 균형, 두 가지 형태가 있다.

대칭적 균형

대칭적 균형 Symmetrical balance 또는 정규 균형 formal balance은 그림 1.11처럼 축의 양쪽에 놓인 구성요소들이 같을 때 이루어진다. 그림 1.12에서 보는 데이비드 래넘 David Lanham의 디지털 작품, 「Contemplation(사색)」은 이 개념을 잘 보여주고 있다. 그림에서 남자와 여자의 위치와 비율이 서로 비슷하다. 각각의 배경이 되는 박스도 마치 거울에 비친 듯한 모습이다.

모든 디자인과 고객에게 잘 맞지 않을지도 모르지만, '수평적 대칭

---

9   Josef Müller-Brockmann. 『The Graphic Artist and His Design Problems』. Arthur Niggli Ltd, Switzerland, 1961, p. 92.

그림 1.11 대칭적 균형의 예

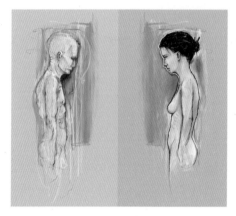

그림 1.12 대칭적 균형: 데이비드 래넘(David Lanham)의 「Contemplation」[10]

horizontal symmetry'이라 부르는 이런 유형의 대칭은 콘텐츠를 중앙에 두거나 단 사이에서 균형을 잡는 방식으로 웹사이트 레이아웃에 적용될 수 있다. 알비온 웨스트 코스트Albion West Coast의 홈페이지[11]가 바로 이런 균형의 예다. 그림 1.13의 스크린샷을 보면 콘텐츠 영역은 완벽한 대칭으로 균형을 이루고 있다. 그중 일부 요소들, 예를 들어 배경에 있는 스케치는 사이트에 미묘한 변화를 주고 있다.

대칭적 균형의 다른 두 가지 형태는 로고와 인쇄 디자인에서는 흔히 볼 수 있지만, 웹사이트 디자인에서는 매체의 특성 때문에 보편적으로 사용되지는 않는다.

10 http://dlanham.com/
11 http://www.albionwestcoast.com/

그림 1.13 Albion 홈페이지

- **양방 대칭**bilateral symmetry 하나 이상의 축에 의해 구성이 균형을 이루는 형태
- **방사 대칭**radial symmetry 가운데 한 점을 중심으로 같은 간격으로 요소들이 둘러 배치된 형태

비대칭적 균형

비대칭적 균형Asymmetrical balance 또는 비정규 균형informal balance은 대칭적 균형보다 추상적이며 보통 시각적으로 더 흥미롭다. 예는 그림 1.14에 잘 나와 있다. 비대칭적 균형은 레이아웃 양쪽을 거울에 비춘 듯이 구성하지 않

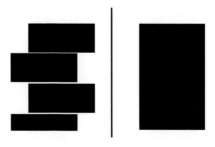

그림 1.14 비대칭적 균형의 예

고 크기, 모양, 색조 또는 위치가 서로 다른 개체들로 이루어진다. 이 개체들은 각각의 차이점에도 불구하고 페이지의 무게 균형을 잡을 수 있게 배치된다. 예를 들어, 페이지 한쪽에 큰 개체를 두고 다른 쪽에 작은 아이템들을 몇 개 짝지으면, 전체 구성에서 역시 균형이 느껴진다.

그림 1.15는 내 친구인 제러미 다티Jeremy Darty가 제작한 콘서트 포스터로, 비대칭적 균형의 좋은 예다. 왼쪽의 큰 분홍색 플라밍고의 시각적 무게는 레이아웃 오른쪽에 있는 작은 플라밍고들과 텍스트 상자들을 합한 무게와 균형을 이룬다. 제러미는 여기서 3등분의 법칙도 적용하고 있다. 'Pop Sucks'이라는 제목의 배경인 파란색 구름은 수직 공간의 1/3을, 수평으로는 2/3를 가로지른다.

그림 1.15 비대칭적으로 균형을 잡은 제러미 다티(Jeremy Darty)의 디자인

그림 1.16에 세 조약돌이 있는 사진을 보자. 특별히 흥미로운 사진은 아니지만 균형이라는 측면에서는 아주 빼어나다! 종잇조각을 가지고 조약돌 중 하나라도 가려보면, 전체 사진의 균형이 깨져 보이고 미완성의 작품처럼 느껴진다. 이것이 바로 일반적으로 균형이 작용하는 방식이다. 액자에 담긴 구도가 못 하나에 의지해 벽에 걸려 있는 것과 같다. 한쪽에 실리는 아주 작은 무게만으로도 그림 전체의 균형이 깨질 수 있다.

그림 1.16 비대칭적으로 놓인 조약돌

대칭적 균형과 달리 비대칭적 균형은 활용도가 크다는 이유로 웹에서는 더 많이 사용된다. 2단으로 구성된 웹사이트 레이아웃을 보면, 대부분 더 넓은 단의 색이 밝다는 것을 알 수 있다. 이는 텍스트와 주 콘텐츠를 두드러져 보이게 해주는 좋은 요령이다. 그보다 작은 내비게이션 단은 더 어두운 색에 테두리를 두르는 등의 방법으로, 레이아웃에서 균형을 이루기 위해 더 눈에 띄게 한다. 그림 1.17 스타인웨이 & 선스Steinway & Sons 웹사이트[12]의 회사 소개 페이지가 비대칭적 균형의 훌륭한 예다. 이 사이트는 오른쪽 단을 구분하는 선이 분명하지 않다. 아주 절제심 많아 보이는 회사 창립자의 이미지가 있을 뿐이다. 숱 많은 콧수염의 무게가 무거우나 메인 콘텐츠 위에 상당히 두드러진 이탤릭체 제목과 균형이 잘 맞는다.

그림 1.17 Steinway & Sons: 비대칭적 균형의 예

12 http://www.steinway.com/about/

제스 베넷 체임벌린Jesse Bennet Chamberlain이 디자인한 스타인웨이 & 선스 사이트에는 비대칭적 균형 외에 다른 원리가 많이 녹아 있다. 이 사이트는 곡선, 텍스처를 반복적으로 사용하고 폰트를 일관되게 사용해 대단한 조화를 이룬다. 그 조화의 많은 부분은 통일성이라는 원리로 설명할 수 있다.

통일성

디자인 이론에서는 통일성을 하나의 구도 안에서 서로 다른 요소들이 상호작용하는 방법이라고 설명한다. 통일성 있는 레이아웃은 각 조각이 구별되기보다는 전체가 하나로 인식된다. 그림 1.18의 원숭이 그림을 예로 들어보자. 동일한 색은 둘째로 치더라도, 그 형태의 유사성이 이 그림을 4개의 요소가 아닌 하나의 그룹으로 보이게 한다.

그림 1.18 원숭이들의 통일성

요즘 조금 수그러들긴 했지만, 통일성 때문에 웹 디자이너들이 언제나 HTML 프레임을 싫어하곤 한다. 웹 페이지 각 요소의 통일성도 중요하지만, 웹 페이지 전체에 걸친 통일성도 중요하다. 즉, 페이지 자체는 한 단위처럼 작동해야 한다. 프레임을 피하는 것 외에도, 레이아웃에서 통일성을 달성하기 위해 사용할 수 있는 방법이 두 가지 있다. 바로 '근접'과 '반복'이다.

근접

근접proximity은 개체의 그룹을 하나의 단위로 보이게 만들어주는 확실한 방법이지만, 간혹 간과되기도 한다. 레이아웃 안에 개체들을 서로 가까이에 두면 시선을 이끌 만한 초점이 만들어진다. 그림 1.19의 디지털 작품을 보자. 붓 자국을 무작위로 모아놓은 것 같지만, 한군데 모여 있는 5개의 얼룩은 하나로 통합된 개체처럼 보인다.

그림 1.19 근접성을 이용해 그룹 만들기

우리가 웹에서 근접이라는 개념을 연습하는 순간은 요소들의 마진margin과 패딩padding을 설정할 때다. 예를 들어, CSS 스타일 규칙을 정의할 때 나는 제목(h1, h2, h3…)이나 문단, 인용문, 이미지와 같은 일반적인 HTML 요소들의 기본 마진값을 바꾸곤 한다. 이 값들을 바꿔서 요소들 사이에 나타나는 공간을 늘리거나 줄여 그룹을 만들 수 있다.

그림 1.20에는 텍스트가 가득한 두 개의 단이 있다. 이 둘은 서로 비슷하게 생겼는데, 유일한 차이는 제목의 위치다. 좌측 단의 제목 'Unkgnome'은 위아래 문단 사이에서 같은 거리다. 우측 단의 제목 'Gnomenclature'는 뒤이어 나오는 문단에 더 가깝다. 근접의 원리에 따라 이 제목은 아래 문단에 해당하는 제목으로 보인다.

augue duis dolore te feugait nulla.Ea com-
modo consequat. Lorem ipsum dolor sit
amet, consectetuer adipiscing elit, sed
diam nonummy nibh euismod tincidunt ut
laoreet dolore magna aliquam erat volut.
Ut wisi enim ad minim veniam, quis nosrud
exerci tation ullamcorper.Ullamcorper ut
aliquip ex ea commodo consequat.

Unkgnome

Lorem ipsum dolor sit amet, consectetuer adipiscing elit,
sed diam nonummy nibh euismod tincidunt ut laoreet dolore
magna aliquam erat volutpat. Ut wisi enim ad minim veniam,
quis nostrud exerci tation ullamcorper suscipit lobortis nisl ut
aliquip ex ea commodo consequat. Duis autem vel eum
iriure dolor in hendrerit in vulputate velit esse molestie con-
sequat, vel illum dolore eu feugiat nulla facilisis at vero eros
et accumsan et iusto odio dignissim qui blandit praesent lup-
tatum zzril delenit augue duis dolore te feugait nulla.Ea
commodo consequat. Lorem ipsum dolor sit amet, con-
sectetuer adipiscing elit, sed diam nonummy nibh euismod
tincidunt ut laoreet dolore magna aliquam erat volutpat. Ut
wisi enim ad minim veniam, quis nosrud exerci tation
ullamcorper.Ullamcorper suscipit lobortis nisl ut aliquip ex ea

Lorem ipsum dolor sit amet, consectetuer adipiscing elit,
sed diam nonummy nibh euismod tincidunt ut laoreet dolore
magna aliquam erat volutpat. Ut wisi enim ad minim veniam,
quis nostrud exerci tation ullamcorper suscipit lobortis nisl ut
aliquip ex ea commodo consequat. Duis autem vel eum
iriure dolor in hendrerit in vulputate velit esse molestie
consequat, vel illum dolore eu feugiat nulla facilisis at vero eros
et accumsan et iusto odio dignissim qui blandit praesent lup-
tatum zzril delenit augue duis dolore te feugait nulla.Ea
commodo consequat. Lorem ipsum dolor sit amet, con-
sectetuer adipiscing elit, sed diam nonummy nibh euismod
tincidunt ut laoreet dolore magna aliquam erat volutpat. Ut
wisi enim ad minim veniam, quis nostrud exerci tation
ullamcorper.Ullamcorper suscipit lobortis nisl ut aliquip ex ea
commodo consequat.

Gnomenclature

Ut wisi enim ad minim veniam, quis trud
exerci tation ullamcorper suscipit lobortis
nisl ut aliquip ex ea commodo consequat.
Duis autem vel eum iriure dolor in hendre-
rit in vulputate velit esse molestie conse-
quat, vel illum dolore eu feugiat nulla facili-
sis at vero eros et accumsan et iusto odio

그림 1.20 제목과 콘텐츠 간의 근접성

반복

거위 떼, 물고기 떼, 사자의 무리를 떠올려보자. 이처럼 비슷한 것끼리 모
아놓으면 하나의 그룹이 형성된다. 마찬가지로 색, 모양, 질감이나 유사한
개체들을 반복적으로 사용하면 웹 페이지 디자인이 하나의 응집된 단위로
느껴진다. 그림 1.21의 예시는 반복을 나타내고 있다. 다른 작은 붓 자국들
도 있지만, 왼쪽 아홉 개의 빨간 자국은 하나의 묶음처럼 보인다. 모양, 색,
질감이 반복되고 있기 때문이다. 이 그룹 오른쪽에 있는 자국들에는 반복
되는 패턴이 없어 서로 근접해 있더라도 각각이 독립되어 보인다.

그림 1.21 반복을 이용해 그룹 만들기

알아채기 어려운 경우도 있지만, 반복은 레이아웃 요소들을 통합하기 위한
목적으로 웹사이트 디자인에 종종 이용된다. 이 개념이 적용된 대표적인

예 중 하나는 바로 글머리표_{bullet} 목록이다. 글머리표는 각 항목의 앞에 붙어 이것이 전체 목록의 일부임을 알게 해주는 시각적 표시다.

패턴이나 텍스처의 반복도 통일성 있는 디자인을 만드는 데 도움을 준다. 드리블_{Dribbble}[13] 사이트의 스크린샷을 보자. 이 사이트는 디자이너와 개발자들이 자신의 작업을 선보이고 공유하는 공간이다. 이 레이아웃 안에는 눈을 사로잡는 요소가 많으나 반복되는 섬네일 이미지와 조회, 댓글, 좋아요 아이콘들이 통일감을 만들어내고 있다. 반면, 내비게이션 바와 탁 트인 콘텐츠 영역은 훌륭하고 독특한 디자인 작업물들을 모두 보여줄 만한 공간을 넉넉히 제공한다.

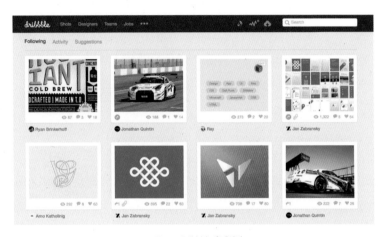

그림 1.22 Dribbble 홈페이지

강조

강조_{emphasis} 또는 우월성_{dominance}은 통일과 아주 가까운 개념이다. 강조는 디자인 내의 다양한 요소들이 서로 잘 어울리도록 만들기보다는 어떤 특징이 보는 사람의 주의를 끌도록 만들고자 한다. 웹 페이지 레이아웃을 디자인하면서 콘텐츠 내의 특정 요소나 레이아웃 자체를 두드러지게 만들고 싶을 때가 있을 것이다. 그것은 사용자가 클릭할 만한 버튼이거나 그들이

13 https://dribbble.com/

읽어야 할 오류 메시지일 수도 있다. 강조를 만드는 방법 중 하나는 바로 그 요소를 초점으로 만드는 것이다. '초점focal point'이란 단지 전체 페이지의 일부에 그치거나 주변에 녹아든 요소가 아닌, 오히려 보는 사람의 시선을 끄는 무언가를 말한다. 통일성이 그렇듯 초점도 만드는 데 효과가 입증된 방법들이 있다.

배치

웹 디자인의 현실적 제약 때문에 구현할 수 없는 경우도 있지만, 구도의 중앙이 사용자들이 가장 먼저 보는 곳이며 일반적으로 강조를 만들어내기에 가장 효과적인 장소다. 요소가 중앙에서 멀리 떨어질수록 먼저 눈에 띨 가능성은 적다. 웹에서는 왼쪽 위 모서리 부분이 주의를 많이 끈다. 특히 왼쪽에서 오른쪽으로 읽고, 페이지를 위에서 아래로 살피는 이들에게 더 그렇다(히브리어, 아랍어와 같이 오른쪽에서 왼쪽으로 읽는 언어들도 있다는 사실을 잊지 말자).

지속

우리의 시선은 한 방향으로 움직이기 시작하면, 시각적으로 더 지배적인 요소가 나올 때까지 그 경로를 유지하는 경향이 있다. 이것이 '지속continuance' 또는 '흐름flow'의 바탕에 깔린 개념이다. 그림 1.23은 이를 잘 보여주고 있다. 아래쪽에 있는 얼룩이 크고 시선을 먼저 잡으려 하지만 여러분의 뇌는 자연스럽게 "앗, 화살표다!"라는 반응을 보인다. 그러고는 이내 더 작은 얼룩을 주시하게 된다.

그림 1.23 지속과 배치가 강조를 만들어내고 있다

그림 1.24 아르노 빌렌(Arnaud Beelen)의 사이트에서 보이는 지속성

지속은 웹 디자이너들이 레이아웃에 통일감을 주고자 할 때 가장 흔히 사용하는 방법이다. 웹 페이지에 배치된 제목, 텍스트, 이미지는 기본적으로 페이지 왼쪽을 타고 내려오는 수직선을 형성한다. 다른 어떤 디자인이 입혀지기도 전에 말이다. 이 개념을 더 활용하는 간단한 방법은 요소들을 그리드 선에 따라 정렬하는 것이다. 그러면 지속성을 만드는 선이 여럿 형성되어 방문자의 시선을 페이지 아래로 유도한다. 그림 1.24는 그래픽 디자이너 아르노 빌렌Arnaud Beelen[14]의 사이트로 지속의 훌륭한 예다. 경사진 이미지들의 가장자리가 위아래로 맞물리도록 정렬해 시선이 페이지를 가로지를 수 있게 해준다.

고립

근접성이 디자인에 통일감을 주는 것과 마찬가지 원리로 고립isolation은 강조를 만든다. 배경에서 튀는 요소는 주의를 끄는 경향이 있다. 친구들과 떨어져 슬프겠지만, 그림 1.25의 고립된 원숭이는 이 페이지에서 초점이 되어 두드러져 보인다.

14 http://www.arnaudbeelen.be/

그림 1.25 고립: 슬픈 원숭이

대비

대비contrast는 서로 다른 그래픽 요소들의 나란한 배치로 정의되며, 레이아웃에서 강조를 만들어내기 위해 가장 흔히 사용되는 방법이다. 개념은 간단하다. 그래픽 요소는 그 주변 요소들과의 차이가 클수록 더 두드러진다. 대비는 다른 색이나 크기, 모양 등을 사용하여 만들 수 있다. (색의 사용에 대해서는 2장에서 자세하게 다룰 것이다.) 그림 1.26의 트위터 홈페이지를 보자.

그림 1.26 Twitter: 대비색으로 오렌지색을 사용하고 있다

페이지 방문자들이 클릭했으면 하는 링크나 버튼이 하나 있다면, 그것이 바로 '행동 유도call to action' 요소다. 트위터의 레이아웃을 볼 때 가장 먼저 눈에 띄는 것은 무엇인가? 내 눈에는 오른쪽 단에 있는 'Sign up회원가입' 버튼이 들어온다. 이 버튼은 페이지에서 유일하게 밝은 오렌지와 노란색을 사

용하며 글자 크기도 'Search검색'이나 'Sign In로그인' 버튼보다 더 크다. 최신 토픽 바와 교차하는 블록 안에 이 버튼을 배치함으로써 지속, 고립, 대비가 모두 충분히 이루어지고 있다.[15] 트위터는 여러분이 이 버튼을 클릭하기를 정말 바란다. 그래서 최대한 강조하여 행동 유도가 효과적으로 일어날 수 있게 하는 것이다.

비율

한 구도 안에서 강조를 만들어내는 또 다른 방법은 바로 비율을 활용하는 것이다. 비율proportion은 디자인 원리 중 하나로 개체 간 크기의 차이를 말한다. 상대적으로 작은 개체들이 모여 있는 환경에 특정 개체를 놔둔다면 그것은 실제보다 더 커 보일 것이다. 그 반대도 마찬가지다. 보는 사람의 시선은 비율의 차이가 있는 개체로 집중되기 마련인데, 그 개체가 주변 환경에 어울리지 않는 것처럼 느껴지기 때문이다.

혼자 외로웠던 원숭이를 데려다 그림 1.27의 맨해튼 도시 사진에 겹쳐 놓아 이 얘기를 직접 증명해보고자 한다. 색의 대비가 크고 비율의 차이도 커서 여러분의 머릿속에는 '이런, 뭔가 맞지 않아'라는 생각이 스치고, 일부러 피하기 전에는 원숭이에 시선이 고정될 것이다.

그림 1.27 비율: 맨해튼에 원숭이 한 마리

---

15 (옮긴이) 현재는 트위터 디자인이 바뀌어 최신 토픽 바나 노란색 버튼을 볼 수 없다.

이 원리는 소형화miniaturization에도 잘 적용된다. 그림 1.28 발리스 그린빌 Barley's Greenville 웹사이트[16]를 보자. 여러분이 가장 먼저 알아차리는 요소는 아마도 무게감이 느껴지는 'Barley's'라는 제목일 것이다. 그러나 내 시선은 거기서 바로 로고로 건너갔다가 메뉴와 맥주가 표시된 부분으로 이동한다. 이는 지속성 때문이기도 하고 눈길을 사로잡는 비율의 활용 때문이기도 하다. 맥주가 피자보다 크다는 점에서 이 그림의 비율은 실제와 다르지만, 여러분의 시선을 잡는 데는 효과적이다.

그림 1.28 Barley's: 강조의 좋은 예

강조가 디자인에서 행동 유도 요소를 눈에 띄게 만드는 기법인 것만은 아니다. 보는 사람의 시선이 페이지를 가로질러 흘러가도록 유도하는 방법이기도 하다. 요소들의 강조 수준을 단계적으로 줄이면 방문자들에게 따라올 순서를 알려줄 수 있다. 사이트를 구축할 때 이것을 염두에 두면 시맨틱 HTML 마크업과 CSS로, 여러분이 만드는 강조를 되풀이할 수 있다. 예를 들어, h1부터 h6까지 각 제목 태그의 시각적 강조 수준을 다르게 설정하면, 검색 엔진과 시각 장애인 방문자들이 페이지에서 시각적으로 중요한

16 http://www.barleysgville.com/

것이 무엇인지를 가늠할 수 있다.

다음으로 여러분이 작업할 수 있는 레이아웃 디자인 중에서 잘 검증된 예시들을 살펴보겠다.

기본적인 레이아웃

우리가 지금까지 다룬 내용 대부분은 디자인 이론이다. 이론은 유용하기는 하지만, 웹사이트 디자인에서 어떤 아이디어가 성공하는 이유 또는 그렇지 못하는 이유를 이해할 수 있게 도울 뿐이다. 나는 그보다 예시와 연습이 더 가치 있다고 생각한다. 그래픽 디자인 교육 프로그램들은 대부분 미술사와 순수 미술을 주로 가르친다. 이런 과정은 예술적 관점에서 그래픽 디자인을 이해하는 데 좋은 기초가 된다. 그러나 디자인을 웹으로 가져올 때 현실적으로 만날 수 있는 문제들에 대비할 능력을 길러주는 데는 약하다.

파블로 피카소Pablo Picasso는 "나는 항상 내가 할 수 없는 일을 한다. 그 일을 어떻게 하는지 배울 수도 있기 때문이다."라고 말했다. 새 웹사이트를 디자인할 때도 이같이 접근하면 좋겠지만, 우선은 자신이 할 수 있는 일이 무엇인지 알아야 한다. 인터넷을 보면 레이아웃이 갖는 가능성은 무궁무진하다. 그러나 사이트의 목적에 따라 그중 몇 가지만이 좋은 디자인을 만들어낸다. 그 때문에 우리가 아이덴티티, 내비게이션, 콘텐츠의 특정한 배치 방식을 반복해서 발견하게 되는 것이다.

여기서는 가장 보편적인 레이아웃 세 가지를 이야기하며, 각각의 장단점에 대해 살펴보겠다.

좌측 내비게이션

너비가 고정적이든 유동적이든, 레이아웃 디자인에서 좌측 내비게이션left-column navigation 형식은 오랜 표준과도 같다. 그림 1.29의 아버 레스토랑Arbor Restaurant[17] 사이트가 사용한 레이아웃이 이 형식의 전형적인 예다. 이 틀에

17 http://www.arbor-restaurant.co.uk/

그림 1.29 Arbor 사이트의 좌측 내비게이션

들어맞는 많은 사이트가 왼쪽 단을 반드시 주 내비게이션 블록으로 사용하는 것은 아니다. 간혹 페이지 상단에 내비게이션을 두기도 하지만, 그런 때에도 제목 아랫부분의 레이아웃은 좁은 왼쪽 단(페이지 너비의 1/3 정도 또는 그보다 좁게)과 넓은 오른쪽 단으로 나눈다. 이 형식은 마치 아이들에게 안정감을 주는 이불 같다. 또는 겨드랑이 부분에 구멍이 나서 배우자가 질색하는데도 일주일에 한 번은 입게 되는 편한 셔츠와도 같다. 이런 이유로 좌측 내비게이션 레이아웃은 대부분의 프로젝트에서 선택하기에 안전하다.

좌측 내비게이션을 사용하는 사이트는 창의성이 떨어져 보인다는 단점이 있다. 너무 오래전부터 번번이, 여러 방법으로 활용되어 온 탓에 이 형식의 사이트들은 거의 똑같아 보이기까지 한다. 그렇다고 좌측 내비게이션 레이아웃을 사용하지 말아야 한다는 것은 아니다. 추측건대, 내가 디자인한 사이트 중 75%는 왼쪽 단에 2차 내비게이션을 두고 있다. 그러나 나는 최대한 다른 무언가를 시도하려고 노력한다.

다른 무언가를 시도한다는 얘기가 나와서 말이지만, 왼쪽에 있는 저 단을 끄집어 콘텐츠 반대쪽에 놓는 것은 어떨까? 그러면 우측 내비게이션 레이아웃이 된다.

우측 내비게이션

주 콘텐츠를 페이지 한쪽에만 배치하려 한다면, 요즘에는 콘텐츠를 왼쪽에 두고 내비게이션과 광고, 부수적 콘텐츠는 오른쪽에 두는 방법이 일반적이다. 우측 내비게이션right-column navigation은 특히 뉴스 사이트, 소셜 네트워크, 상단 내비게이션만으로는 모든 메뉴를 수용할 수 없어 확장형 내비게이션을 사용하는 웹사이트에서 흔히 볼 수 있다. 사우스 캐롤라이나South Carolina의 블루크로스 블루쉴드BlueCross BlueShield[18]가 그 예다. 이 사이트에서는 각 섹션마다 서로 다른 레이아웃과 색 조합을 선보이고 있다. 그림 1.30의 스크린샷은 하위 4단계에 해당하는 페이지다. 하위 4단계란, 맨 앞 페이지에서 네 번 클릭해 들어갔을 때 만나게 되는 페이지를 말한다. 2차 내비게이션을 둠으로써, 이미 사이트 깊숙이 들어와 구체적인 콘텐츠를 찾고 있는 방문자들을 방해하지 않는다.

그림 1.30 사우스 캐롤라이나 BlueCross BlueShield 사이트의 우측 내비게이션

18 http://www.southcarolinablues.com/

왼쪽이나 오른쪽 중 내비게이션을 어디에 둘지는, 정리해야 하는 콘텐츠의 양과 유형을 고려해 근본적으로 개인이 판단할 일이다. 2차 내비게이션이 필요 없는 간단한 사이트라면 단이 작거나 거의 없는 레이아웃도 고려할 수 있다. 좋은 디자인은 때로 무엇을 넣느냐보다 무엇을 빼느냐가 더 중요하다. 2차 내비게이션이 필요할 때는 방문자들의 목표가 콘텐츠라는 사실만 기억하자. 찾으려는 콘텐츠가 많을수록 왼쪽에서 찾으려는 경향이 있다.

3단 내비게이션

전형적인 3단 레이아웃은 중앙에 넓은 단이, 좌우측에 두 개의 좁은 내비게이션 단이 있다. 그림 1.31의 싱크긱ThinkGeek[19] 사이트는 이러한 웹 페이지 레이아웃의 예를 보여준다. 내비게이션, 짧은 콘텐츠, 내보낼 광고의 양이 많은 페이지에서는 3단이 필요할 수 있다. 그래도 레이아웃이 어수선해 보이지 않으려면 여백이 필수다.

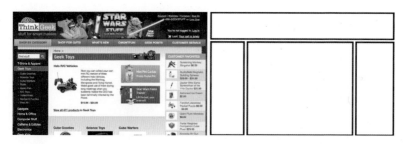

그림 1.31 ThinkGeek의 3단 내비게이션

영감의 소재

좌측, 우측, 3단 레이아웃 형태가 웹 페이지 디자인의 기본이라는 이유로 여기에 제한될 필요는 없다. 어마어마하게, 정말 과도할 정도로 많은 디자인 전시나 디자인 패턴 사이트가 만들어져 새롭고 혁신적인 아이디어를 선보이고 있다. 틀을 깨고 창의적으로 생각하고자 할 때 우리는 이런 사이트에서 도움을 받을 수 있다. 다음에서 몇 가지 사이트만 소개한다.

---

19 http://www.thinkgeek.com/

Unmatched Style (http://unmatchedstyle.com/)

훌륭한 CSS 갤러리는 수없이 많다. 언매치드 스타일은 다른 사이트보다 콘텐츠를 더 까다롭게 엄선하며, 동영상 팟캐스트와 인터뷰도 대부분 아주 재미있다.

CSS Drive (http://cssdrive.com/)

언매치드 스타일 사이트처럼 CSS 드라이브도 CSS 갤러리다. 이 사이트가 특별한 이유는 보여주는 사이트들을 색상별, 레이아웃별로 분류를 잘했기 때문이다.

Pattern Tap (http://patterntap.com/)

위의 두 예시와 달리 패턴 탭은 웹사이트 갤러리가 아닌 인터페이스 패턴들의 갤러리다. 여기서는 내비게이션 형태, 연락처 양식, 페이지 번호, 탭 등의 모음을 볼 수 있다.

Yahoo Design Pattern Library (http://developer.yahoo.com/ypatterns/)

야후 디자인 패턴 라이브러리는 패턴 탭과 비슷하지만, 예시가 그만큼 다양하지는 않다. 이 사이트는 일반적인 사용자 인터페이스 요소에 대해서 배울 수 있는 좋은 사이트다.

자료 파일 사용하기

여러분이 지금쯤 "좋아, 참고할 만한 갤러리와 패턴 라이브러리가 많군. 이제 어쩌지?"라고 생각할지 모르겠다. 나의 첫 그래픽 디자인 교수가 가르쳐준 유용한 팁 하나는, 큰 프로젝트에 쓰일 만한 영감을 수집할 때는 자료 파일을 만들라는 것이었다. 개념은 아주 간단하다. 기차를 소재로 하는 그림이나 마케팅 프로젝트를 맡고 있다면, 여러분에게 영감을 주는 것이라면 무엇이든 오려두거나 출력해서 폴더에 넣어둔다. 현재 프로젝트에도 도움이 되지만, 다음에 또 기차와 관련된 프로젝트를 하게 되면 이미 많은 영감을 손에 쥔 상태에서 시작할 수 있다.

나는 몇 년 전까지 이 자료 파일에 대한 생각을 깜빡 잊고 있었다. 내가 즐겨 찾는 갤러리 사이트에서 예전에 봤던 예시 사이트를 다시 찾아보지만, 사이트 이름이나 주소는 전혀 기억하지 못하곤 했다. 영감을 줄 만한 재료가 많은 것은 분명 좋은 일이지만, 여러분이 찾는 특정한 그 뭔가를 발견할 수 없다면 모두 무용지물일 뿐이다. 바로 그때 나는 나만의 디지털 자료 파일을 만들기 시작했다. 최근에 나는 화면 일부나 전체 웹 페이지의 스크린샷을 잡아주는 엠버Ember[20]라는 맥용 애플리케이션을 사용하기 시작했다. 애플리케이션이 웹 페이지 전체를 잡아주기 때문에 스크롤과 캡처를 여러 번 반복하지 않아도 된다. 또 각 스크린샷에 제목과 태그를 붙일 수 있어 나중에 찾아보기도 쉽다. 물론 여러분이 좋아하는 다른 OS에도 자료 파일에 담을 수 있도록 스크린샷을 찍을 방법은 많다. 내가 원할 때 볼 수 있는 이 웹사이트 디자인 보관소는 내가 영감의 원천을 찾을 때마다 수없이 유용하게 사용되었다.

자신만의 자료 파일을 위해 스크린샷 찍기

1. 스크린샷을 저장하려는 페이지가 있는 브라우저 창을 선택한다.

2. 해당 브라우저 창의 스크린샷을 클립보드에 복사한다.

   - PC에서는 Alt+Print Screen을 누르거나, 윈도 비스타나 윈도7에서는 스니핑 툴Snipping Tool을 사용해 화면에서 원하는 영역을 잡는다.

   - 맥에서는 Shift+Command+4를 누른 후, 스페이스를 눌러 커서를 카메라로 바꾼다. 그런 다음, Ctrl을 누른 채로 브라우저 창을 클릭한다.

3. 이제 클립보드에 브라우저 창의 스크린샷이 저장되었을 것이다. 여러분이 즐겨 쓰는 그래픽 프로그램이나 문서 편집기에서 새 문서를 열고, 스크린샷을 붙여넣기 한다.

4. 이미지 또는 문서를 저장한다.

20 http://realmacsoftware.com/ember/

트렌드: 인기 있는 즐겨찾기

위에서 얘기한 참고 사이트들이 부담스럽고, 그 많은 영감의 자료들을 파일로 정리하는 일이 시작조차 멀게만 느껴진다면 잠시 시간을 갖고 다음의 사이트들을 둘러보자. 레이아웃을 이루고 있는 면들의 색과 질감을 보고 공통되는 아이디어와 디자인 트렌드를 발견하려고 노력해보자. 그러면 웹사이트 레이아웃에서의 최근 트렌드를 파악할 수 있을 것이다.

내비게이션이 없는 잡지 형식

지금 여러분이 이 문단을 읽기 위해서 목차를 보고 곧장 이리로 건너뛰어 오지는 않았을 것이다. 그런데 웹에서 우리는 목표지향적인 경향이 있으며 정보를 조각 단위로 소비한다. 사이트 내비게이션은 우리가 신속하고 효과적으로, 어찌 보면 변덕스럽게 움직일 수 있게 해준다. 방문자들이 다른 페이지로 건너뛰는 것이 싫다면 어떻게 해야 할까? 제공할 정보가 책이나 잡지의 글처럼 전체가 온전히 소비되어야만 하는 것이라면 어떻게 하는 것이 좋을까? 이런 경우라면, 애초에 내비게이션을 제공할 필요가 있을까? 더디자인블로그TheDesignBlog[21]는 이런 방법으로 예술적 성향의 게시물들을 보여준다. 각 게시물 페이지에는 헤더 그래픽에 있는 디자인 인포머 Design Informer 로고를 제외하고는, 푸터에 있는 댓글 영역에 내려갈 때까지 해당 사이트로 이동하는 내비게이션 링크가 없다. 하나의 예시로 트렌드를 논할 수 있을까? 그림 1.32에 있는 스위스미스Swissmiss[22]와 페이스트 매거진Paste Magazine[23]의 예시도 살펴보자.

21 http://thedsgnblog.com/
22 http://www.swiss-miss.com/
23 http://www.pastemagazine.com/

그림 1.32 콘텐츠만 연속적으로 제공될 뿐 이렇다 할 내비게이션이 없다

확장형 푸터

이것은 트렌드라기보다는 현재 진행 중인 어떠한 현상이다. 이 책의 초판에서도 확장형 푸터를 설명했었는데, 오늘날에도 푸터에 넣는 정보의 크기와 종류가 계속 커지고 있다. 한때는 등한시하며 주요 링크와 저작권 정보만 제공하던 푸터 영역에 이제는 많은 사이트가 연락처, 확장된 사이트 내비게이션, 소셜 미디어 콘텐츠를 제공하고 있다. 사이트의 주 내비게이션 요소를 페이지 하단에 놓는 것은 나쁜 아이디어이지만, '보너스' 내비게이션과 콘텐츠를 그 영역에 놓는 것은 하나의 확실한 해결책이다. 이 트렌드를 탁월하게 보여주고 있는 곳이 바로 요디브YoDiv[24] 사이트의 커다란 푸터다.

다음의 사이트들도 참고할 만하다.

- 모질라Mozilla - http://mozilla.org/
- 크리미 CSSCreamy CSS - http://creamycss.com/
- 사이트포인트SitePoint - http://sitepoint.com/

---

24 http://yodiv.com/

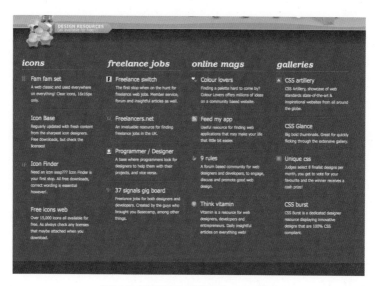

그림 1.33 추가 콘텐츠를 제시하고 있는 YoDiv의 푸터

기본에만 충실한 미니멀리즘

내비게이션이 없는 매거진 형식과는 유사하나 확장형 푸터와는 다소 반대되는 현상으로, 많은 사이트가 일반적인 웹 콘텐츠를 덜어내고 있다. 미니멀리스트 디자인이란 가장 필수적인 요소들만 남기고 나머지 디자인을 줄이는 것이다. 그림 1.34의 아날로그 쿱Analog Coop[25]은 사이트를 재미있게 읽을 수 있는 한 장의 페이지로 만들어 미니멀리즘을 이루고 있다. 카 황Kha Hoang[26]의 사이트에서 보여주는 미니멀리즘은 홈페이지를 간단한 목록으로 구성해 포트폴리오 링크, 작품에 대한 간략한 설명, 연락처만 제공하는 것이다. 이 개념은 구현하기가 쉽다. 각 페이지에 있는 요소 하나하나를 보면서 이것이 웹사이트에 어떤 가치를 더해주는가를 자문해본다. 대답할 수 없다면 내버린다.

25 http://analog.coop/
26 http://khahoang.com/

그림 1.34 두 가지 다른 색깔의 미니멀리즘: Analog Coop, 그리고 카 황(Kha Hoang)의 포트폴리오 사이트

미니멀리즘은 백번을 양보해도 새로운 디자인 트렌드는 아니다. 웹에서도 마찬가지다. 미술 세계에서의 1960, 70년대 미니멀리즘 운동은 추상적 표현주의 시대에 지나치게 자기표현적이었던 풍조에 대한 반발로 일어난 것이었다. 이와 비슷하게 최근 웹에서의 미니멀리즘과 단일 페이지 디자인의 폭발적 인기는 웹 2.0 시대에 지나치게 인터랙티브 했던 웹에 대한 반작용이다. 이는 소셜 미디어의 번잡함과 그에 상반되는 평화로운 카페 또는 조용한 미술관 사이에서 균형을 잡으려는 시도다.

다음의 사이트도 참고하라.

- 브랜드 뉴Brand New - http://www.underconsideration.com/brandnew/
- 세이지 미디어Sage Media - http://www.sagemediari.com/

새로운 트렌드

해가 지날 때마다 흥미롭고 이목을 끌 새로운 방법을 제공하는 기술들이 새롭게 나타난다. 이 기술들은 새로운 기능이나 스크립트를 이용하며 웹 디자인 분야에서 빠르게 채택되고 있다. 가장 최신의 트렌드는 자바스크립트 또는 CSS3의 힘을 이용해 전엔 결코 보지 못한 새로운 기능이나 효과, 성능을 더해준다.

그림 1.35 전체 화면으로 본 Swansea 대학 사이트의 홈페이지

브라우저 크기에 따라 반응하는 큰 이미지를 사용할 수 있게 되면서, 웹사이트들은 전에 없던 강력한 이미지의 힘을 장착하게 되었다. 그림 1.35의 스완시Swansea 대학27의 홈페이지와 같이, 콘텐츠의 배경에 크고 선명하며 아름다운 사진이 브라우저를 가득 채워 방문자들의 즉각적인 감탄을 유발한다. 옛말에 틀린 것이 없다. 사진 한 장이 천 마디 말보다 낫다.

평면 디자인

현대화되어 갈수록 우리는 더 단순화에 마음이 쏠린다. 적을수록 좋다는 말이 새롭게 생명을 얻어 장식도 추가 요소도 사라진다. 평면 디자인flat design은 웹 디자인을 가장 단순한 모양과 형태로 개선하려 한다. 예전에는 웹 디자인에 깊이감을 주기 위해 그레이디언트gradient 효과를 넣고 둥근 모서리에 그림자를 더해 웹사이트를 입체적으로 보이게 만들었다. 이제는 선명한 그림자나 어두운 색으로 깊이를 표현한다. 긴 그림자 효과가 가장 흔한 예로, 개체의 한쪽으로 그림자를 길게 넣어 눈을 속이는 방식이다.

---

27 http://www.swansea.ac.uk/bright-futures/

그림 1.36 평면 디자인의 예

동영상 배경

또 하나의 기술적 발전으로 전체화면 크기의 동영상을 배경에 넣을 수 있게 되었다. 이 동영상 배경은 fitvids.js[28]와 같은 스크립트로 구현이 가능하며 브라우저 크기에 반응한다. 또 페이지를 열 때 자동으로 재생되도록 설정할 수도 있다. 그림 1.37에서 보는 더그 에잇킨Doug Aitken의 더 소스The Source 사이트[29]가 그 예다. 동영상 외의 웹사이트 콘텐츠는 모두 동영상 위에 겹쳐놓아 마치 동영상이 전체화면의 배경 이미지 같다.

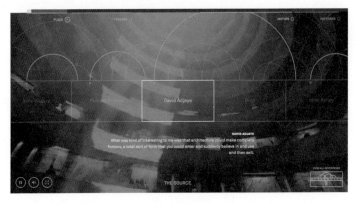

그림 1.37 동영상 배경

28 http://fitvidsjs.com/
29 http://dougaitkenthesource.com/

벽돌쌓기식 레이아웃

또 하나의 인기 트렌드는 벽돌쌓기식 레이아웃masonry layout이라 부르는 방식이다. 벽돌쌓기식 레이아웃은 가능한 한 최적의 방식으로 콘텐츠를 수직으로 쌓는다. 이 유형의 레이아웃을 사용하는 웹사이트로는 핀터레스트Pinterest[30]가 있다. 그림 1.38을 보면 이미지와 텍스트가 수직, 수평으로 들어맞아 브라우저를 꽉 채우고 있다. 이 사이트는 콘텐츠의 높이를 맞추는데(수직 정렬vertical alignment) 관심이 없다. 가능한 한 모든 것이 서로 가깝게 맞닿을 수 있게 쌓는 것이 목표이기 때문이다.

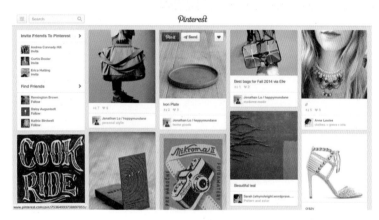

그림 1.38 벽돌쌓기식 레이아웃의 예

시차 스크롤

시차 스크롤parallax scrolling은 폭발적인 인기를 얻고 있다. 정지된 이미지가 배경에 놓여 있고, 사이트의 나머지 요소가 그 위로 스크롤 되어 입체 효과를 만들어내는 것이 기본 개념이다. 그림 1.39의 TEDxGUC 사이트[31]는 시차 스크롤의 가장 훌륭한 예를 보여준다. 마우스로 스크롤 하면 어떤 개체는 움직이지만 다른 개체들은 고정되어 있다. 이 효과가 인기 있는 이유는 보는 사람으로 하여금 사이트에 몰두하도록 만들기 때문이다.

30 https://www.pinterest.com/
31 http://www.tedxguc.com/

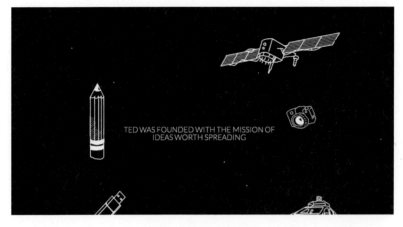

그림 1.39 시차 스크롤의 예

크기의 변화: 고정형, 유동형 또는 반응형 레이아웃

앞서 연필과 종이로 처음 레이아웃 블록을 그리던 단계에서 우리가 디자인을 넣는 가장 바깥쪽 사각형이 컨테이너 블록이라고 설명한 바 있다. 인쇄 디자인에서 컨테이너 블록은 명함이나 광고판 등 실제 물리적인 대상이다. 웹에서의 컨테이너는 브라우저 창이다. 디자인이 브라우저 창을 꽉채워야 할까, 아니면 브라우저와 상관없이 정해진 너비가 있어야 할까? 이에 대한 선택은 <table> 태그와 'spacer.gif' 파일로 웹 페이지 콘텐츠를 배치하던 시절부터 웹 디자이너들을 괴롭혀왔다.

고정형 너비 레이아웃

앞에서 얘기한 960 그리드 시스템은 '고정형 너비 레이아웃fixed width layout'을 만드는 데 사용된다. 웹사이트의 전체 너비를 이루는 픽셀의 수가 정해져 있는 레이아웃을 '고정형 너비'라고 이름한다. 960 그리드 레이아웃은 너비가 960픽셀이며 브라우저의 중앙에 정렬된다. 사용자가 브라우저 창크기를 바꾸어 너비가 960픽셀보다 커지면, 웹사이트의 좌우 양옆에 있는 가장자리가 같은 비율로 커진다. 화면의 크기가 커질 때는 문제가 되지 않으나, 사용자의 브라우저 창 크기가 960픽셀 너비보다 작은 경우(모바일이나 태블릿을 사용할 때처럼)에는 사이트는 잘리고 스크롤 바가 생긴다. 더 많은 콘텐츠를 보려고 수직 방향으로 스크롤 하는 것은 일반적으로 괜찮지만, 네 방향 모두에 스크롤이 생기게 하는 것은 전혀 바람직하지 않다. 크기가 정해져 있다는 것은 포토샵에서 디자인된 레이아웃을 브라우저에서 쉽게 보여줄 수 있다는 뜻이어서, 고정형 너비 레이아웃은 가장 흔히 사용되었다. 그러나 유동형 레이아웃이 추월하기 시작했으며 이제는 점점 반응형 레이아웃에 자리를 내주고 있다.

유동형 레이아웃

'유동형fluid' 또는 '액상형liquid' 레이아웃은 너비를 퍼센트로 지정해 디자인하기 때문에, 브라우저 창의 크기를 바꿀 때 컨테이너도 함께 늘어날 수 있다. 이 레이아웃을 선택하려면 모든 상황에서 발생할 만한 문제를 예상해야 하므로 더 심사숙고한 후에 결정해야 한다. 가끔 너비가 픽셀 수로 지정된 단과 퍼센트로 지정된 단이 유동형 레이아웃에 함께 사용될 때가 있다. 그러나 기본적인 아이디어는 사용자의 화면에 들어맞는 한, 가로 방향으로 최대한 많은 콘텐츠를 보여주는 것이다. 보통 유동형 레이아웃은 CSS의 min-width와 max-width 속성을 이용한다. 그 덕분에 컨테이너가 터무니없이 좁아지거나 넓어지지 않는다.

　일부 디자이너들이 유동형 레이아웃을 거부하는 이유는 그리드를 사용하면서 디자인할 때 방해가 된다고 생각하기 때문이다. 그리드상에서 유동형 레이아웃을 디자인할 때 사용할 수 있는 몇 가지 비법이 있다. 960 그리드 시스템의 유동형 버전[32]이 그중 한 예다. 그래도, 근본적으로는 목표 사용자target user와 웹사이트의 접근성 목표에 따라서 사용할 레이아웃을 선택해야 한다. 각 레이아웃 유형의 장단점은 이미 대중적으로 잘 정의되어 있는데, 표 1.1에서 볼 수 있다.

32 http://www.designinfluences.com/fluid960gs/

	장점	단점
고정형 너비	■ 콘텐츠 안에서 이미지가 보일 형태를 디자이너가 조절할 수 있다. ■ 여백을 계획할 수 있게 한다. ■ 좁은 텍스트 블록의 가독성을 높여준다.	■ 큰 브라우저 창에서 난쟁이처럼 작아 보일 수 있다. ■ 사용자가 직접 조절할 수 있는 권한이 없다.
유동형 너비	■ 대부분의 화면 해상도와 기기에 적용 가능하다. ■ 사용자 스크롤을 줄인다.	■ 텍스트의 폭이 넓어지면 읽기가 어려워진다. ■ 성공적으로 구현하기가 더 어렵다. ■ 여백이 제한되거나 위협받는다.

표 1.1 고정형 vs 유동형 레이아웃의 장단점

이 장단점들을 염두에 두고, 나는 유동형 너비보다는 고정형 너비 레이아웃을 더 많이 디자인했다. 콘텐츠를 어떻게 보여줄지를 스스로 조절할 수 있다는 점 그리고 배경 공간도 조절할 수 있다는 점이 더 좋기 때문이다. 또 유동형 레이아웃이 던져주는 도전을 가끔 즐기는 이유도 있다. 그러나 개인적인 선호와는 상관없이 고객의 필요를 먼저 생각하는 것이 중요하다. 고정형 레이아웃의 너비를 결정할 때는 디자인의 대상이 되는 사용자를 생각하고 그들의 필요에 맞는 레이아웃을 만들어야 한다.

반응형 디자인

현재 모든 웹사이트의 모범 답안으로 자리 잡은 '반응형 디자인responsive design'은 웹 디자이너들에게는 악몽과도 같았던 문제에 해결책을 제시해주었다. 모바일 기술이 폭발적으로 발전하면서 데스크톱 모니터만 목표하여 웹사이트를 디자인하던 시절은 갔다. 이제 우리는 스마트폰과 태블릿 기기를 상대해야 한다. 사업체들이 그 소중한 방문자들을 놓치기 싫어하기에 우리에게는 그들을 위한 웹 경험도 디자인해야 할 의무가 있다. 반응형 디자인이 있기 전, 모바일 기기를 수용한다는 것은 웹 디자이너들이 같은 사이트를 여러 화면 크기에 맞춰 반복적으로 디자인한다는 것을 의미

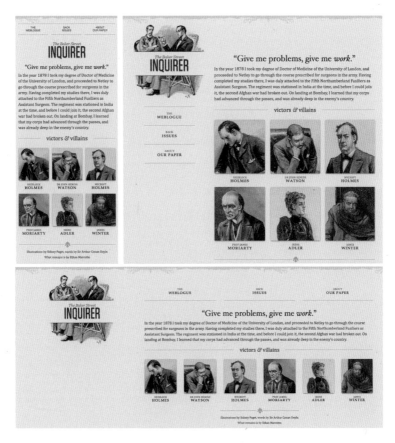

그림 1.40 모바일, 데스크톱, 대형 전광판 모두에 맞게 변형되는 레이아웃

했고, 이는 정말 이상적인 방법은 아니다. 반응형 디자인은 모든 기기에서 콘텐츠가 적응할 수 있는 하나의 사이트 디자인을 만들려는 시도다. 위 그림 1.40은 반응형 웹사이트[33]의 예시다. 사이트가 다양한 화면 크기에 맞게 반응하면서도 콘텐츠는 여전히 보기 좋고 디자인도 세 화면에서 모두 일관적이고 아름답게 보인다.

---

33 http://d.alistapart.com/responsive-web-design/ex/ex-site-flexible.html

반응형 디자인은 CSS를 사용하여 노출하는 기기의 화면 크기에 따라 콘텐츠가 보일 모습을 조절한다. 하나의 방법은 '미디어 쿼리media query'를 사용하는 것이다. 사이트는 기기의 화면 해상도를 알아내도록 지시한다. 스타일시트에서는 '중단점breakpoint'을 만드는데, 이는 기기의 화면 너비에 따라 요소들의 크기와 구조를 정확히 정할 때 사용된다. 중단점은 여러분이 목표하는 다양한 화면의 픽셀 너비의 폭이다. 예를 들어, 모바일 기기를 위해서 중단점을 0픽셀에서 568픽셀까지로 정할 수 있다. 특정 중단점을 지정하는 CSS는 다음과 같은 식으로 보일 것이다.

```
@media only screen and (min-device-width: 320px)
↪and (max-device-width: 568px)
```

이제 다음 중단점의 범위를 태블릿 기기 대부분에 맞도록 정하고, 그 다음에는 데스크톱에 맞게 정한다. 중단점과 미디어 쿼리의 좋은 점은 여러분이 원하는 만큼 중단점을 많이 설정할 수 있다는 것이다.

이 책에서 반응형 디자인의 기술적 측면을 모두 다룰 수는 없지만, 더 공부할 수 있는 훌륭한 자료는 널려 있다. 아래의 책들도 꼭 참고하길 바란다.

- 반응형 웹 디자인Responsive Web Design, 이선 마르코트Ethan Marcotte[34]
- HTML5와 CSS3을 사용한 반응형 웹 디자인Responsive Web Design with HTML5 and CSS3, 벤 프레인Ben Frain[35]
- 모바일 우선주의Mobile First, 루크 로블르스키Luke Wroblewski[36]
- 반응형 웹 디자인 시작하기Jump Start Responsive Web Design, 크레이그 샤키 Craig Sharkie, 앤드류 피셔Andrew Fisher[37]

[34] http://www.abookapart.com/products/responsive-web-design
[35] http://www.packtpub.com/responsive-web-design-with-html-5-and-css3/book
[36] http://www.abookapart.com/products/mobile-first
   (옮긴이) 번역서로 『모바일 우선주의』(2013, 웹액츄얼리코리아)가 있다.
[37] http://www.sitepoint.com/store/jump-start-responsive-web-design/

화면 해상도

반응형 디자인은 다양한 기기와 화면 크기에서도 일관적인 디자인을 만들도록 지원하기 위해 발전했다. 지난 몇 년간 화면 해상도는 어마어마하게 높아졌다. W3Schools[38]에서 낸 화면 해상도에 관한 통계에 의하면, 2007~2008년에는 사용자의 6%가 800×600보다 낮은 화면 해상도를 사용했다. 2014년에 800×600보다 낮은 화면 해상도를 사용하는 기기는 0.5%에 그친다. 이 말은 기기의 99%가 1024×768픽셀보다 큰 화면 해상도에 맞춰져 있다는 것을 뜻한다. 그림 1.41의 표를 보면 전체 기기의 78%가 실제로 1366×768픽셀 또는 그 이상의 해상도를 적용하고 있음을 알 수 있다.

이 말은 요즘 데스크톱 브라우저들은 최소한 1024×768 이상의 해상도를 가진 것으로 가정해야 한다는 뜻이다. 심지어 상당수의 넷북도 현재 1024×600 또는 그 이상의 해상도를 가진다. 이런 이유로 960픽셀은 웹 디자인 프로젝트 대부분에서 실질적인 너비가 되었다. W3School이 1,024보다 큰 해상도를 사용하는 사용자들이 증가하고 있다고 보고함에 따라, 우리의 기준도 960보다 커져야 한다고 생각할 수 있다. 그러나 그럴 가능성이 희박한 데는 몇 가지 이유가 있다. 첫째, 큰 모니터를 사용하는 사람들도 브라우저 창의 너비는 1,024픽셀보다 작게 유지하는 경향이 있다. 동시에 실행되고 있는 다른 애플리케이션들을 함께 보기 위해서다. 두 번째 이유는 바로 행의 길이 때문이다. 텍스트의 행이 지나치게 길어지면 읽기가 어려워진다.

화면 해상도에 관한 통계
오늘날, 방문자의 99%가 1024x768픽셀 또는 그보다 큰 화면 해상도를 보유하고 있다.

Date	Other high	1920x1080	1366x768	1280x1024	1280x800	1024x768	800x600	Lower
January 2014	34%	13%	31%	8%	7%	6%	0.5%	0.5%
January 2013	36%	11%	25%	10%	8%	9%	0.5%	0.5%
January 2012	35%	8%	19%	12%	11%	13%	1%	1%
January 2011	50%	6%		15%	14%	14%	0%	1%
January 2010	39%	2%		18%	17%	20%	1%	3%
January 2009	57%					36%	4%	3%
January 2008	38%					48%	8%	6%
January 2007	26%					54%	14%	6%

그림 1.41 W3School에서 보고한 화면 해상도 통계

38 (옮긴이) http://www.w3schools.com/

성공적으로 반응형 디자인을 만드는 방법은 여러 가지다. 어떤 사람은 CSS 그리드와 함께 기존에 계산된 단 너비와 단 간격을 사용한다. 많은 디자이너가 그리드를 직접 만들고 단 너비 등을 산출한다. 반응형 디자인의 인기가 높아짐에 따라 웹 개발팀들은 아주 최적화된 그리드 시스템을 만들기 위해 노력했다. 여기에는 개발자와 디자이너들에게 꼭 필요한 가장 일반적인 기능인 유연한 반응형 레이아웃, 이미지 슬라이더, 반응형 내비게이션 메뉴 등이 포함된다. 이 시스템들을 '반응형 프레임워크responsive framework'라고 한다.

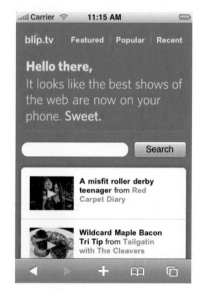

그림 1.42 iOS에 있는 Blip.tv (http://cssiphone.com에 올라온 이미지)

프레임워크

한동안 반응형 웹 디자인으로 작업하면서 우리는 그 과정을 더 잘 이해하고 줄기를 잡기 시작했다. 자신만의 반응형 프레임워크를 만들기 시작했고, 많은 웹사이트에서 발견할 수 있는 보편적인 요소들을 간파하고, 어떤 상황에서든 잘 맞는 보편적인 구조를 세울 수 있게 되었다. 더는 새로운 사이트를 디자인할 때마다 모든 과정을 되풀이하느라 쓸데없이 시간을 낭비하지 않아도 된다는 점에서 이는 아주 좋은 일이다. 이 프레임워크들은 모든 기기에 일관적으로 나타나는 디자인을 만드는 데 사용될 기본 바탕이다. 그리고 동시에 아름다운 반응형 웹사이트를 만들 때 원하는 대로 디자인을 바꿀 수 있게 해주기도 한다.

많은 웹 개발 프레임워크가 아름답고 일관적인 반응형 웹사이트의 제작을 돕고 있다. 그 중에서 특히, 대표적인 두 가지 프레임워크가 인지도와 유용성 측면에서 어깨를 나란히 하고 있다.

그림 1.43에서 보는 파운데이션Foundation[39]은 저브Zurb에서 내놓은 모바일 프레임워크로, 수많은 웹 개발 기능들을 포함하고 있다. 파운데이션은 웹 개발의 단순화를 추구하는데, 기능을 구현할 CSS 클래스를 담은 모듈식 시스템을 통해서 이를 실현하려 한다. 파운데이션에서는 아주 적은 노력으로도 잘 구조화된 레이아웃을 만들 수 있다. 그리고 반응형 내비게이션 메뉴, 이미지 슬라이더, 아코디언 메뉴, 인증 양식, 버튼, 툴팁, 팝업창modal popup, 패널panel, 프로그레스 바progress bar, 반응형 표 등을 포함하는 많은 기능을 비교적 쉽게 시행할 수 있다.

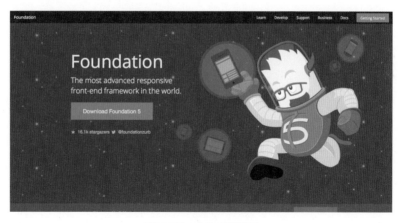

그림 1.43 Foundation 프레임워크

39 http://foundation.zurb.com/

그림 1.44 Bootstrap 프레임워크

그림 1.44의 부트스트랩Bootstrap[40]은 반응형 프레임워크의 1위 자리를 노리는 또 하나의 프레임워크다. 파운데이션과 마찬가지로, 부트스트랩에는 여러분이 잘 구조화된 모바일 지원을 우선하는mobile-first 웹사이트를 빠르게 만들 수 있게 도와줄 만한 미리 만들어진 컴포넌트들이 많다. 또 파운데이션에 비견할 만큼 통합적인 기능도 많다. 부트스트랩으로는 점보트론jumbotron, 패널panel, 웰well, 내비게이션 바, 프로그레스 바, 드롭다운, 배지badge, 알럿alert, 툴팁, 팝업, 탭, 캐러셀carousel[41] 등을 만들 수 있다. 또 프레임워크와 함께 사용할 수 있는 내장형 폰트인 글리피콘glyphicon[42]도 수용하고 있다.

사람들이 파운데이션과 부트스트랩을 좋아하는 첫 번째 이유는 원하는 대로 만들고 조절할 수 있기 때문이다. 여러분이 사용하지 않는 컴포넌트의 자바스크립트 파일은 내려받을 필요도 없고 군이 포함하지 않아도 된다. 여러분에게 필요한 컴포넌트의 체크박스를 간단하게 클릭하고, 필요하지 않은 것은 가만히 놔둔다. 파운데이션과 부트스트랩은 여러분이 선택한 컴포넌트를 내려받을 수 있도록 알아서 컴파일해준다. 이들은 근본적으로 웹 개발 프로젝트에 들어갈 컴포넌트를 컴파일해야 하는 어려운

---

40 http://getbootstrap.com/
41 (옮긴이) 사진 등의 콘텐츠를 순환 또는 회전식 슬라이드로 보여주는 형태
42 (옮긴이) 편지봉투 모양, 돋보기 모양 등의 아이콘으로 이루어진 특수 폰트(http://glyphicons.com/)

작업을 대신 맡아준다.

최소한의 자바스크립트, 최소한의 파일 크기로 가능한 한 군더더기 없는 웹사이트를 만들고자 하는 개발자의 열망을 생각하면, 이런 방법이 사랑받고 있는 이유를 이해할 수 있다.

그림 1.45는 파운데이션을 데스크톱에서 봤을 때 보이는 메뉴다. 전화기 또는 태블릿과 같은 모바일 기기에서는 그림 1.46에서 보듯 선택하기 전에는 메뉴가 닫혀 있다.

그림 1.45 데스크톱 화면에서 보이는 Foundation 메뉴

반응형 웹 디자인에서 떠오르고 있는 화두는 전통 방식의 내비게이션 메뉴가 데스크톱 화면에서 보이는 것처럼, 모바일 기기에서도 항상 동일하게 작동하는 것은 아니라는 점이다. 화면 크기가 충분하지 않을 때는 뒤죽박죽될 수 있다. 가장 널리 채택되는 해결 방법은 모바일 메뉴다. 그림 1.46 오른쪽 위에 있는 세 줄 모양의 아이콘은 선택할 때만 확장되는 메뉴를 상징한다. 선택하면 메뉴 콘텐츠가 사이트 콘텐츠 위로 펼쳐진다.

그림 1.46 모바일 화면에서 보이는 Foundation 메뉴

2015년 현재 해상도별 국내 사용자 비율은 많이 바뀌었다. 고해상도 비중이 급격히 높아지면서, 5년 전에는 7% 내외의 비중을 보이던 1920×1080픽셀 사용자 비율이 현재는 50%를 차지할 정도로 큰 변화를 보이고 있다.[43]

반면에 예전에 대세를 보이던 1280×1024픽셀과 1024×768픽셀의 사용자 비율은 해상도는 합해서 약 10%에 불과하다. 따라서 대형 모니터를 쓰는 사용자를 더 적극적으로 고려하여 웹 페이지 영역이 작게 보이지 않도록 가변적 디자인을 고안할 필요가 있다.

네이버에서도 1366×768픽셀 이상의 고해상도 사용자에게 최적의 경험을 제공하되, 1024×768픽셀 사용자들이 불편하지 않도록 서비스 제작을 하고 있다. 자세한 해상도별 통계자료는 51쪽에 있는 그림 1.41을 참고하라.

적용하기: 녹스빌 반사요법 그룹

우리가 디자이너로서 하는 일들은 간혹 무의식에서 나온다. 우리가 내리는 의사결정의 이유에 대해 하나하나 설명할 수는 있지만, 우리가 밟아가는 과정을 자연스럽게 말로 표현하기는 어렵다. 그래픽 디자인 원리들을 어떻게 적용했는지 설명하는 가장 좋은 방법은 실제 고객의 웹사이트를 만들면서 밟았던 디자인 절차를 차근히 되밟는 것이다.

녹스빌 반사요법Knoxville Reflexology[44] 페이지를 열어보자. 이것은 실제 고객을 대상으로 진행한, 그리고 내가 참여했던 실제 웹 디자인 프로젝트였다. 녹스빌 반사요법 그룹KRG은 반사요법사와 마사지 치료사들의 모임으로, 서로의 분야와 전문성을 모아 하나로 종합된 건강 서비스, 신체 정화, 마사지 치료 등을 제공하기 위한 그룹이다. 소유주인 캐리 와그너Carrie Wagner는 디자인도 기술도 잘 모르는 사람이지만, 그녀와 함께 일하는 사람들이 관리할 수 있는 사이트가 필요했다. 그래서 주변에서 워드프레스WordPress를 다룰 줄 아는 사람을 고용해 테마를 정하고 페이지를 제작했다.

---

43 해상도 데이터 출처는 http://gs.statcounter.com/#desktop-resolution-KR-monthly-201406-201506-bar이다.
44 http://knoxvillereflexology.com/

사이트가 성장하면서 기능을 추가하기 위해 플러그인들이 덧붙기 시작했고, 각종 정보로 가득 차게 되었다. 무질서해지고 낡기 시작한 사이트의 모습을 그림 1.47에서 볼 수 있다. 캐리는 새로운 고객과 잠재 고객 들에게 정보를 제공하고, 주요 고객의 마음도 끌 수 있기를 바랐다. 그러기 위해서는 더 잘 정리되고 효율적인 듯 보이는 최신 사이트가 필요했다.

그림 1.47 Knoxville Reflexology의 옛 사이트

캐리는 사이트가 완전히 재정비되어야 한다고 느꼈으며, 심지어 재디자인에 대해 상상해둔 바도 있었다. 동영상과 소셜 미디어 장치들을 포함하는 것이다. 지스퀘어드 스튜디오G Squared Studios가 이 프로젝트를 기꺼이 맡았고, 곧 작업에 착수하기 시작했다.

시작하기

보통 고객들은 사이트가 어떻게 보이고 운영될지 등에 대해서 머릿속에 구체적인 아이디어를 가지고 있다. 고객에 따라서 이 아이디어는 디자인 과정에서 도움이 될 수도 있고 걸림돌이 될 수도 있다. 대개는 걸림돌이 되기 십상이다. 그런데 이 프로젝트에서는 지스퀘어드 스튜디오즈가 완전한 지휘권을 갖고 사이트를 재디자인하고 재브랜딩할 수 있었다. 웹사이트가 어떻게 작동하는지 아는 것도 중요했지만, 녹스빌 반사요법의 방문자들이 누구인지, 그들이 방문하는 이유가 무엇인지도 알아야 했다. 디자인을 시작하기 전에 지스퀘어드 스튜디오즈는 '알아내기' 과정을 통해서 캐리의 단기적, 장기적 목표가 무엇인지를 파악했다. 재디자인된 사이트는 그녀의 현재 목표와 요구도 수용하지만, 미래에 추가될 콘텐츠도 담을 수 있을 만큼 유연성을 확보해야 했다. 방문자들이 사이트에서 어떤 방식으로 돌아다니는지 이해하는 것도 중요했다. 이 과정을 '사용자 테스트user testing'라고 한다.

📖 **사용자 테스트**

'어깨너머로 관찰하기'라고 묘사되는 활동. 재디자인 전후로 실제 사용자의 행동을 관찰하여 성공 가능성을 가늠할 수 있는 좋은 방법이다. 사용자 테스트에 사용할 수 있는 좋은 DIY 툴 중에 하나는 실버백Silverback[45]이다.

이 시점에서 던져진 질문은 사이트로부터 얻을 수 있는 사업적 이득에 관한 것, 그리고 들어오는 방문자들에게 캐리가 하려는 일에 관련된 것들이다. 이 단계에서 우리는 그녀의 목표가 사이트 방문자들의 메일 주소를 확보하는 것이라는 사실을 알아냈다. 대상은 주로 그 지역의 방문자들, 특히 KRG 서비스에 대해 더 많은 정보를 찾으려는 사람들이었다. 또 우리는 가게에서 파는 상품들에 대해 배우고, 그녀가 여러 자연 건강상품 회사와 제휴하고 있다는 것을 배웠다.

웹 디자이너가 하는 일 중 중요한 하나는 비슷한 정보들을 정리하고 묶는 일이다. 이것은 사용성에서 필수적인 부분인데, 방문자가 적절한 장소에서 원하는 것을 찾지 못하면 그 사이트는 방문하기에 불편한 사이트가 되기 때문이다. 우리 같은 웹 디자이너가 이 모든 정보를 머릿속에 다 넣

---

45 http://silverbackapp.com/

어두고 일하지는 못한다. 따라서 보다 손쉽게 콘텐츠를 정리하도록 도와
주는 도구들이 있다. 그렇지만 웹사이트의 정보들을 정리하는 유일무이한
방법론 같은 것은 없다.

　많은 디자이너와 개발자들은 자신만의 방법으로 정보를 정리한다. 어
떤 이는 포스트잇을 사용하고 어떤 이들은 아트보드나 스토리보드 등을
사용한다. 나는 목록을 만들어서 콘텐츠를 서로 묶는다. 또 마인드맵 소프
트웨어를 사용해서 중심 아이디어를 만들고 거기서부터 확장해 나가기 시
작한다. 여기서 페이지를 구조화하고 그룹을 짓는다. 이렇게 하면 사이트
의 흐름에 대해 감을 잡을 수 있고, 주 콘텐츠와 페이지 구조도 그려진다.
그런 후에는 통일감을 유지하면서도 변화를 줄 레이아웃을 만들기 위해서
특별히 주목해야 할 부분도 선택할 수 있다.

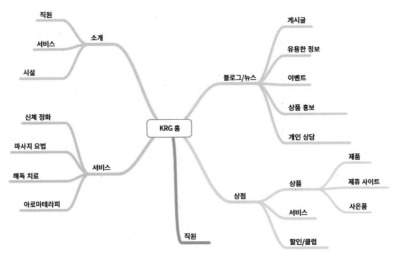

그림 1.48 포스트잇에 그린 정보 구조

내가 받고 분석한 데이터를 다 정리했으면, 홈페이지의 대략적인 레이아웃
에 대한 목업을 만든다. 어떤 디자이너와 개발자는 어도비 일러스트레이
터, 포토샵, 발사믹Balsamiq[46] 같은 도구를 사용해 기본적인 목업을 만든다.
내가 모은 정보를 토대로 나는 다음 그림 1.49와 같은 시안을 만들었다.

46 http://balsamiq.com/

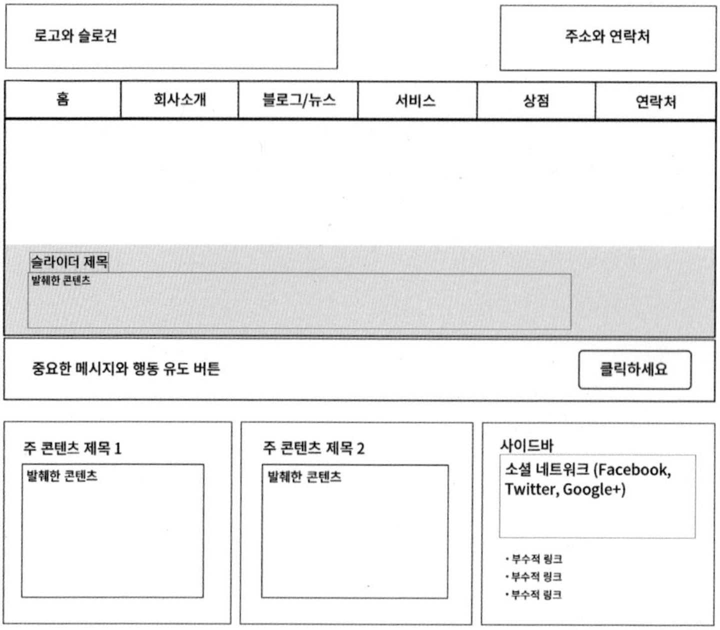

로고와 슬로건	주소와 연락처

홈	회사소개	블로그/뉴스	서비스	상점	연락처

슬라이더 제목
발췌한 콘텐츠

중요한 메시지와 행동 유도 버튼	클릭하세요

주 콘텐츠 제목 1
발췌한 콘텐츠

주 콘텐츠 제목 2
발췌한 콘텐츠

사이드바
소셜 네트워크 (Facebook, Twitter, Google+)

- 부수적 링크
- 부수적 링크
- 부수적 링크

그림 1.49 KRG에 제안할 홈페이지의 와이어프레임

색이나 이미지, 실제 HTML 요소도 이 시안에는 들어가지 않았다는 점에 주목하자. 와이어프레임의 목표는 단순히 레이아웃 구조만 잡고 요소들의 위치를 배치해 보는 것뿐이다. 좋은 디자인을 보면 사용자들은 '개별 페이지들이 하나의 사이트에 소속되어 있다' 라고 인식한다. 그렇다고 해서 모든 페이지의 레이아웃이 똑같아야 하는 것은 아니다. 사실 홈페이지와 다른 페이지 사이에는 약간의 대비 효과가 있는 것도 좋다. 사이트의 나머지 페이지들에 대한 와이어프레임을 만드는 과정에서 나는 디자인에 '양념을 친다'. 다른 페이지에는 다른 레이아웃을 계획하는 것이다. 그림 1.50에 보이는 블로그 메뉴가 바로 그 예다.

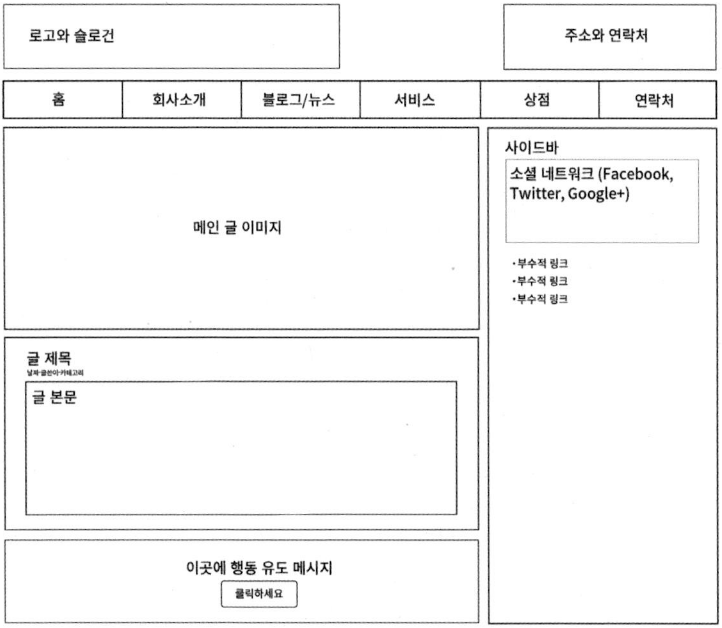

그림 1.50 KRG 블로그 페이지를 그린 와이어프레임

블로그 페이지의 겉모습은 홈페이지와 비슷하지만, 레이아웃은 완전히 다르다. 헤더와 사이드바 같은 요소는 동일하게 유지해도 좋지만, 블로그 글 영역의 레이아웃은 달라야 한다. 블로그 글 콘텐츠를 홈페이지와 비슷하게 여러 단으로 나누면 글 읽기가 어려워질 것이다. 두 개의 단을 하나로 통합하면 텍스트가 숨 쉬기에 충분한 공간이 생긴다. 이메일 등록을 위한 행동 유도 기능은 블로그 글 하단에 배치했다.

　'양념을 조금 쳤다'는 말이 색이 없는 와이어프레임에서는 과장된 표현이었는지도 모른다. 그러나 분명 디자인은 이미 시작되었다. 대략의 KRG 레이아웃이 나왔으니, 이제는 다음 주제, '색'으로 넘어갈 차례다.

색

시한폭탄을 해체할 때와 마찬가지로 괜찮은 사이트를 디자인하려고 할 때
도 잘못된 색을 고르면 망한다. 사실 고객 사이트에 적용할 색을 잘못 선택
했다고 생명을 위협받지는 않겠지만, 이제 막 피기 시작한 웹 디자이너로
서의 경력에는 치명타를 맞을 수 있다. 색을 고르는 작업이 그리 쉬운 일은
아니다. 색을 선택할 때는 심미성, 정체성, 사용성 등을 모두 고려해야 한
다. 게다가 현대 화면 기기들은 대부분 1,600만 가지의 색을 재현할 수 있
다. 그만큼 끔찍한 색 조합이 탄생할 가능성이 많다는 뜻이다!

다행히, 좋은 색을 선택하기 위해서 견본까지 들고 다니는 색 전문가가
될 필요는 없다. 가벼운 심리학적 지침부터 유효성이 입증된 색 이론에 이
르기까지, 여러분이 팔레트에 올바른 색을 고를 수 있도록 도울 풍성한 지
식을 얻을 곳은 많다.

색채 심리학

색채 심리학은 하나의 색 또는 여러 색의 조합이 감정 및 행동에 끼치는 영
향을 분석하는 연구 분야다. 전자상거래 웹사이트 소유주는 방문자들이
돈을 더 쓰게끔 만드는 색이 무엇인지 알고 싶어한다. 실내 장식가들은 침
실을 고요한 젠Zen 스타일의 휴식처로 바꿔줄 만한 색을 찾는다. 패스트푸
드 음식점 소유주들은 특대형 메뉴를 고르도록 유도하는 색 조합을 찾느
라 혈안이다. 여러분도 예상하겠지만, 색채 심리학은 아주 큰 사업이다.

선택한 색이 대중에게 미칠 영향을 아는 것은 중요하지만, 특정 색에 대해서 유일하고 공통된 심리적 반응이 있을 것으로 생각해서는 안 된다. 색채 심리학자들이 특정 색에 대해서 어떤 반응이 나오리라 간주하는 내용은 주로 개인적 경험에 근거한 것이다. 또 문화마다 색에 대해 갖는 연상과 해석이 다르다는 것도 흥미로운 사실이다. 이런 점들을 염두에 두고, 서구 문화권에 있는 많은 사람이 특정 색에 대해 일반적으로 갖는 심리적 연상을 살펴보도록 하자.

색채 연상

색에 연결되는 사람들의 감정을 설명하려는 일은 아주 까다로운 주제다. 이 말을 믿기 어렵다면, 가장 좋아하는 온라인 음악 사이트를 찾아가 켄 놀딘Ken Nordine의 「Colors」라는 앨범 중에 몇 곡만 들어보자. 비록 대다수 디자이너가 특정 색에 대해 흔히 얘기되는 의미, 특징, 성질에만 의존하겠지만, 그래도 몇 가지 주요 색상에 대한 정서적 특성을 이해하는 것이 유용하다. 그리고 색채 연상은 문화적 맥락 안에서 고려해야 함을 아는 것 또한 중요하다.

빨간색

빨간색은 흔히 아드레날린 분비와 혈압 상승을 자극하고 인간의 대사를 높인다고도 알려져 있다. 빨간색은 자극적, 인상적이고 화려한 색이다. 또 열정의 색이기도 하다. 밸런타인데이에 벽을 밝은 빨간색으로 칠하는 것보다 사랑을 표현하기에 더 효과적인 방법은 없다. 그림 2.1에 나온 것처럼 말이다. 진홍색burgundy이나 적갈색maroon처럼 어두운 빨간색은 더 풍성하고 너그러운 느낌이지만, 간혹 거만스러워 보이기도 한다. 와인 애호가나 고가 물품의 감정가들을 대상으로 하는 무언가를 디자인할 때 이 색을 사용해볼 수 있다. 흙색에 가까운 빨간색은 가을과 추수의 계절을 연상케 한다.

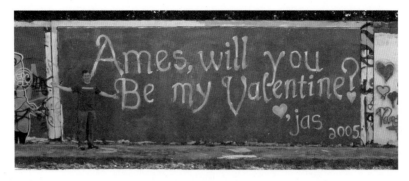

그림 2.1 애정의 색, 빨간색 (여기에 무려 7리터가 넘는 페인트가 들어갔다!)

주황색

빨간색과 마찬가지로 주황색도 활동적이고 에너지가 넘치는 색이다. 빨간색만큼의 열정을 자아내지는 않지만 말이다. 주황색은 행복감을 고취하는 것으로 여겨지며 햇빛, 열정, 창의성을 나타낸다. 빨간색보다는 형식적이고 사무적인 느낌이 덜해, 우분투Ubuntu OS[1] 디자이너들이 로고색을 주황색으로 정한 것인지도 모른다. 주황색이 우리 주변의 자연에서 잘 발견되는 색은 아니기에 눈에 쉽게 띈다. 그래서 주목성이 높아야 하는 사물, 예를 들어 구명조끼, 원뿔형 교통표지road cone, 사냥 조끼 등에 사용한다. 빨간색처럼 주황색도 대사와 식욕을 자극하기 때문에 음식과 요리를 나타내기에 좋다. 이 때문에 감귤류를 좋아하지 않는 사람이라도 그림 2.2의 오렌지를 보면 배가 고파진다.

그림 2.2 다른 과일도 아닌 오렌지색 오렌지

1   http://www.ubuntu.com/

노란색

주황색처럼 노란색도 활동적이며 눈에 잘 띄기 때문에 택시와 경고 표시에 사용된다. 그림 2.3에서와 같이 행복을 연상시켜 스마일리의 대표적인 색이기도 하다. 스포츠 에너지 음료인 게토레이Gatorade 중에서는 오렌지 맛과 레몬라임 맛이 아직도 가장 많이 팔리는 상품이다. 그 원인은, 적어도 부분적으로는, 주황색과 노란색에서 연상되는 활동적인 특징에 있을 것이다.

그림 2.3 스마일리의 색, 노란색

누가 남겼는지는 몰라도, 색채 연상과 관련해 자주 인용되는 말이 하나 있다. "아기는 노란색 방에서 더 잘 울고, 부부는 노란색 주방에서 더 싸우며, 오페라 가수는 노란색 의상실에서 짜증을 잘 낸다." 이것이 사실이든 아니든, 주목할 점은 과도한 노란색은 너무 강력할 수 있다는 점이다.

초록색

초록색은 흔히 자연을 연상시킨다. 진정 효과가 있는 색으로 성장, 신선함, 희망을 상징한다. 환경보호와 초록색의 연관성이 강하다는 사실에 대해서는 이견이 거의 없다. 초록색은 노랑, 주황, 빨강보다 보기에 더 편안하고 훨씬 덜 역동적이다. 초록색을 사용하는 많은 웹사이트 디자인이 방문자가 갖는 자연에 대한 감성을 이끌어내려 하지만, 초록색은 부유함[2], 안정감, 교육 등을 나타내는 다양한 측면도 있다. 검정 배경에서 밝은 초록색은

---

2 (옮긴이) 달러 등 지폐에 사용된 초록색이 부유함을 연상케 한다.

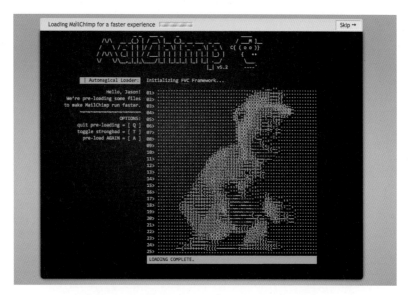

그림 2.4 아스키(ASCII) 코드로 표현한 프레디 본 침펜하이머(Freddie Von Chimpenheimer) IV[3]

눈에 확연히 띄는 동시에 공학적인 느낌이 든다. 이 색 조합을 생각할 때마다 내 첫 컴퓨터인 애플 IIe가 떠오른다. 이것에 영감을 받아 최근에 메일 침프MailChimp의 로딩 페이지를 디자인했다(그림 2.4).

파란색

내가 어렸을 때 가장 좋아했던 색은 파란색이다. 그저 아무 파란색이 아니라 크레욜라Crayola 사에서 나오는 크레용의 짙은 청색을 가장 좋아했다. 특히 아이들이 대부분 특정 색조에 대해 덜 까다롭기는 하지만, 파란색은 누구에게나 사랑받는 색으로 받아들여진다. 감상적인 면에서 파란색은 개방성, 지성, 신뢰를 나타내고 진정효과가 있는 것으로 나타났다. 한편, 식욕을 감퇴시키는 것으로도 드러났다. 이는 아마도 실제 음식에 파란색이 희귀하기 때문일 것이다. 블루베리를 빼고 파란색인 자연식품을 얼마나 떠올릴 수 있나? 파란색은 오히려 자연의 식욕 자극 목록에서 제외된 듯하

3 (옮긴이) Mailchimp 서비스의 상징인 원숭이의 이름

다. 따라서 식료품에 사용하기에는 알맞지 않다.

그 밖에 파란색은 가끔 불운과 곤경을 상징하기도 한다. 이러한 정서적 연상은 블루스blues 음악이나 피카소가 우울증에 시달리던 이른바 "청색 시대blue period"에 그렸던 작품들에서도 드러난다. 하지만 이상한 음식, 예술의 우울한 형태만 떠오르는 것은 아니다. 파란색이 대중적으로 인기 있는 이유는 하늘과 바다를 연상케 하기 때문이다. 그림 2.5의 돌무더기 사진에 나타나는 파란색은 나에게 편안한 느낌을 준다.

그림 2.5 마음을 차분하게 하는 돌, 하늘, 바다

이러한 시각적 연관성 덕분에 항공, 에어컨, 수영장 필터, 유람선 관련 웹사이트에 파란색을 사용하는 것은 당연한 선택이다. IBM, Dell, HP, 마이크로소프트 로고의 주 색이 파란색인 것을 아는가? 파란색이 안정감과 목적의 명료성을 나타내기 때문이다. 두렵기 그지없는 죽음의 블루 스크린[4]을 맞닥뜨리기 전에는 말이다!

4 (옮긴이) MS의 OS가 다운되면서 나타나는 파란색 화면

보라색

그림 2.6의 우표에서 볼 수 있듯이 역사적으로 보라색은 권력과 귀족성을 연상시켜왔다. 과거에 보라색이 권위를 나타낼 수 있었던 비결은 보라색으로 옷감을 물들일 염료를 만들기 어려웠기 때문이다. 오늘날까지도 보라색은 부와 화려함을 생각나게 한다. 화려함은 자연으로도 이어져 꽃, 보석, 와인과 연결되곤 한다. 보라색은 빨간색의 자극성과 파란색의 진정 효과 사이에서 균형을 이룬다. 『The Web Designer's Idea Book』[5]의 저자 패트릭 맥닐Patrick McNeil에 따르면, 보라색은 웹 디자인에서 가장 드물게 사용되는 색 중 하나다. 그는 웹사이트 디자인 중에서 보라색을 적절하게 사용한 예를 찾기가 어려웠다며, 책에서 그 부분을 거의 삭제할 뻔했다고 얘기한다. 무리에서 튀는 웹사이트를 디자인하고자 한다면 짙은 보라색을 한번 사용해보자.

그림 2.6 노르웨이 우표의 보라색 문장

흰색

그림 2.7에 보이는 풍력발전기의 흰색이 특별해 보이지 않을지도 모르나, 사실 흰색을 사용하여 깨끗한 에너지라는 느낌을 촉발하고 있다. 서구 문화에서 흰색은 완전성, 밝음, 순수성의 색으로 여겨진다. 깨끗한 흰색 천이 세제 광고에 사용되는 이유이자 신부가 결혼식에서 흰색 드레스를 입는

---

5   Patrick McNeil, 『The Web Designer's Idea Book』, How Books, Cincinatti, USA, 2008.
    (옮긴이) 번역서로 『웹 디자이너의 아이디어 북』(2014, 프리렉)이 있다.

이유이기도 하다. 서구 문화에 흰색이 어떤 의미로 뿌리내리고 있는지 알고 싶다면 로버트 프로스트Robert Frost의 시 「Design디자인」[6]을 읽어보라. 이 시에서 프로스트는 죽음과 어둠을 흰색으로 표현함으로써 우리의 연상을 상징적으로 부인한다. 중국 문화에서는 흥미롭게도 흰색이 예로부터 죽음과 애도를 연상시키는 색이다. 이런 문화의 차이를 기억하면서 여러분은 목표 사용자가 갖는 색채 연상에 대해서 연구해야 한다. 여러분의 연상과 사용자의 것이 굉장히 다를 수 있기 때문이다.

흰색이 기본적인 배경색인 탓에 간혹 디자인에서는 간과되기도 한다. 그러나 변화를 주는 것을 두려워할 필요는 없다. 어두운 색 배경에 흰색 텍스트를 쓰거나 미색off-white 바탕에 흰색 상자를 두어 눈에 띄게 할 수도 있다. 예상 밖의 방법으로 색을 사용하면 대담한 표현을 만들 수 있다.

그림 2.7 풍력발전기는 흰색이면서도 자연친화적이다

검은색

검은색은 죽음이나 악과 같은 부정적인 이미지에 시달리긴 하지만, 어떻게

---

6 많은 시집에서 이 시를 찾아볼 수 있지만, 이 책에서는 『The Norton Anthology of Poetry(노턴 시 작품집)』, eds Margaret Ferguson(마가렛 퍼거슨), Mary Jo Salter(매리 조 솔터), and Jon Stallworthy(존 스톨워디), WW Norton & Company, New York, 2004. 를 참고했다.

사용하느냐에 따라 권력, 우아함, 힘의 색이 되기도 한다. 어떤 색에 대한 연상이 궁금할 때는 자신에게 이렇게 질문하면 된다. "그 색을 생각할 때 머릿속에 가장 먼저 떠오르는 세 가지는 무엇인가?" 나는 검은색에서 조니 캐시Johnny Cash[7], 턱시도, 배트맨의 심상이 떠오른다. 특히 조니 캐시는 그의 검은색 옷, 낮은 목소리, 구슬픈 노래로 강력한 감성을 불러일으킨다.

그림 2.8 권력과 우아함을 나타내는 검은색은 이 그림에서처럼 어마어마하다는 느낌도 준다

여러분이 항상 이런 방식으로 하나의 색에서 연상되는 세 단어를 찾은 후에 색을 선택한다면, 그 색이 사용자들에게 어떻게 두루 받아들여질지를 더 잘 이해하고 예상할 수 있을 것이다.

색채 심리학을 바탕으로 방문자가 사이트를 어떻게 보고 느낄지를 짐작할 수 있다. 그렇다고 사용하기에 틀린 색이란 없다는 것을 기억하자. 심리학적 추리가 처음 팔레트를 만드는 데 도움이 될 수 있지만, 색상 설계color scheme의 성공은 당신이 선택할 모든 색 사이에 존재하는 조화에 달려 있다. 조화를 이루려면 색의 다른 속성에 대해서도 알고 있어야 한다.

색 온도

전체 색 스펙트럼에 걸쳐 공통으로 존재하는 하나의 속성은 바로 색 온도color temperature다. 어떤 색 수도꼭지에서 뜨거운 물이 나오는가? 얼음에서 연상되는 색은 무엇인가? 그 이유는? 그 대답은 명백하다. 그리고 문화와 자연 모두에 영향을 받는다.

---

7   (옮긴이) 미국의 유명한 싱어송라이터로 공연할 때 주로 상하의 모두 검은색 옷을 입어 '맨 인 블랙(Man in Black)' 이라 불렸으며, 같은 제목으로 쓴 곡도 있다.

따뜻한 색

'따뜻한 색'은 빨간색부터 노란색까지의 색으로 주황색, 핑크, 갈색, 진홍색을 포함한다. 태양 및 불을 연상하는 속성 때문에 따뜻한 색은 열과 움직임을 나타낸다. 차가운 색과 근접해 있을 때 따뜻한 색은 두드러지며 시각적으로 우세하여 1장에서 얘기했던 '강조'를 이룬다.

차가운 색

'차가운 색'은 초록색부터 파란색까지의 색으로 일부 보라색 색조를 띠는 색도 포함된다. 보라색은 빨강과 파랑의 중간색으로, 당신의 예상대로 차가운 보라색은 파란색에 가까운 느낌이고 붉은 보라색은 더 따뜻하게 느껴진다. 차가운 색은 차분하게 하고 긴장을 완화한다. 디자인에서 차가운 색은 후퇴하는 경향이 있어 배경색에 적합하고, 콘텐츠를 압도하지 않기 때문에 페이지에 있는 큰 요소에 어울린다.

색 명도

색의 밝기나 어둡기를 측정한 값은 명도chromatic value라고 부른다. 어떤 색에 흰색을 더하면 그 색의 '담색tint'을 얻을 수 있다. 반대로 '음영shade'은 어떤 색에 검은색을 더하여 만든다. 보색을 섞으면 더 자연스럽고 실물에 가까운 음영이 만들어지는데, 이때 지나치게 어두운 색이 나오지는 않기 때

그림 2.9 색 명도

문에 이 기법은 회화에 흔히 사용된다. 그림 2.9에서 명도의 차이를 보여주고 있다.

색상 자체도 그렇지만, 여러분이 사용하는 색의 명도는 사용자들이 콘텐츠에 가질 심리적 관계에 영향을 준다. 명도를 활용하여 고객이 회사 또는 기관에 접속하는 시간을 강조할 수 있다. 예를 들어, 밤놀이나 콘서트와 관련된 웹사이트를 디자인한다면 어두운 음영을 주로 사용하고 밝은 담색의 사용은 제한하는 것이다. 담색은 햇빛, 봄, 어린 시절 등을 연상케 하는 경향이 있다. 일출, 아기옷, 곰 인형 등을 떠올리면 알 수 있다. 그런데 밝은 파스텔 색조는 전문적이고 세련된, 좀 더 어른스러운 방법으로도 사용할 수 있다. 병원에서 시간을 보내본 사람이라면 이 말을 입증해줄 수 있을 것이다. 담색은 진정시키는 색으로, 환자를 놀라게 하거나 아기를 울리지 않는 선에서 위생적인 환경에 개성을 더할 수 있기 때문이다. 컬러 디자이너들은 보통 '병원 초록색' 같은 데서 영감을 받지 않는다. 그러나 온천 웹사이트를 만드는 경우라면, 담색은 여러분의 색 팔레트에 많은 도움이 될 수 있다.

채도

색의 '채도saturation'나 '농도intensity'는 색의 강도 또는 순도를 말한다. 강렬하고 생생한 색이 튀어 보이는 것은 당연하다. 차가운 색이 후퇴하는 경향이 있지만, 진한 파란색이 흐릿한 주황색보다는 더 주목 받을 것이다. 어떤 색에 회색(검은색과 흰색)을 섞으면 색이 흐리고 약해진다. 베이지색 벽에 둘러싸인 사무실처럼, 또는 겨울 아침의 흐린 하늘처럼 이런 색은 밝고 진한 색보다 더 흥미롭거나 매력적이지는 않다. 그러나 긍정적으로 볼 때, 흐린 색은 긴장을 완화하고 구도에 사색적이고 몽환적인 분위기를 더한다.

명도와 채도의 관계는 그림 2.10에서 볼 수 있다.

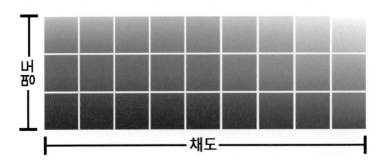

그림 2.10 명도와 채도 도표

색 이론 입문

색에 대한 지식을 더 쌓으려면, 먼저 색이 만들어지고 분류되는 방법 등 이 주제와 관련된 기술적 개념들에 대한 기초를 다져야 한다.

여러분의 컴퓨터 화면에 표시되는 색, 즉 웹사이트 디자인에 사용할 색은 '가산additive' 색 모델에 기초한다. 가산 색 모델에서는 색을 빨강, 초록, 파랑RGB 빛의 혼합비율로 나타낸다. 이 세 가지 색을 모두 가장 높은 비율로 내보내면 흰색 빛을 얻을 수 있다. 빨강과 초록은 완전히 내보내되 파랑을 끄면 노란색 빛이 만들어진다.

컬러프린터를 소유해봤다면 CMYK라는 약자를 들어봤을 것이다. CMYK는 청록cyan, 마젠타magenta, 노랑yellow, 검정black의 약자다. 잉크젯 프린터, 레이저 프린터, 산업용 4색 프린터는 모두 이 네 가지 색 잉크 또는 토너로 이미지를 만든다. 이 과정은 '감산subtractive' 색 모델에 기반을 둔다. 이 모델에서는 여러 색을 혼합할수록 회색빛이 도는 검정에 가까워진다. 그런데 청록, 마젠타, 노랑만 섞어서는 검정이 만들어지지 않는다. 그래서 검정K은 항상 따로 공급된다. 그림 2.11에서 가산 색 모델과 감산 색 모델이 어떻게 작용하는지를 자세히 보자.

인쇄물이든 웹이든 우리가 무엇을 디자인하느냐와는 상관없이, 전통적 색 이론은 색을 그룹 짓고 분류하는 데 도움이 되는 열쇠다. 색 분류에 대한 연구는 BC 4세기와 아리스토텔레스의 작업까지 거슬러 올라간다. 그

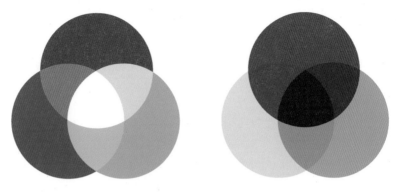

그림 2.11 RGB 가산 색 모델(좌), CMYK 감산 색 모델(우)

이후에도 많은 훌륭한 예술가와 철학자들이 색의 작용에 대한 연구에 기여했다. 아이작 뉴턴Isaac Newton, 요한 볼프강 본 괴테Johann Wolfgang von Goethe 그리고 요하네스 이텐Johannes Itten이 바로 그런 사람들이다. 각각 17세기, 18세기, 20세기에 탄생한 이들의 작업은 오늘날 우리가 아는 색 지식의 기본이 되고 있다. 세 이론가 모두 빨강, 노랑, 파랑이 원색인 색상환으로 색을 설명한다. 색상환은 색 이론의 개념과 용어를 표현하기 위해 만들어진 단순하지만 효과적인 다이어그램이다. 전통 미술가들의 색상환은 그림 2.12에서 보듯이 12칸으로 나눈 형태다. 각 칸의 색상은 모두 원색, 이차색, 삼차색 중 하나다.

그림 2.12 빨강, 노랑, 파랑을 원색으로 하는 미술가의 전통적 색상환

원색

전통적 색상환의 원색은 빨강, 노랑, 파랑이다. 이들은 색상환에서 정삼각형 위치에 놓이며, 하나의 원색 다음으로 4번째 있는 색이 또 다른 원색이다.

이차색

두 원색을 섞으면 이차색이 만들어진다. 앞의 그림에서는 작은 회색 삼각형으로 표시되어 있다. 이차색은 주황색, 초록색, 보라색이다.

삼차색

삼차색은 총 6개가 있다. 다홍색(빨강-주황), 귤색(노랑-주황), 연두색(노랑-초록), 청록색(파랑-초록), 군청색(파랑-보라), 자주색(빨강-보라)이 그것이다. 벌써 감을 잡았겠지만, 원색을 바로 옆에 있는 이차색과 섞어 만든 것이 삼차색이다.

빨강, 노랑, 파랑 또는 CMYK

빨강, 노랑, 파랑의 원색 색상환에 대한 존중이 별로 없다는 사실은 언제나 나를 놀라게 한다. 사람들이 세 가지 색을 타당하지 않은 낡고 유치한 도구라고 평하는 것을 들은 적이 있다. 빨강, 노랑, 파랑의 색상환이 빛에 대한 우리의 인지를 과학적으로 정확하게 나타내는 모델이 아닌 것은 사실이다. 많은 사람이 빨간, 노랑, 파랑 색상환을 미술 교과과정에서 빼고 그림 2.13과 같은 CMYK 색상환을 보편적인 새 모델로 세우고 싶어한다. CMYK 색상환에서는 이차색이 빨강, 초록, 파랑이어서, CMYK를 이용하면 가산색(빛을 사용할 때)과 감산색(종이를 사용할 때)을 모두 표현할 수 있다.

배후에서 CMYK를 밀어주는 근거가 무엇인지 보여주기 위해서 구아슈gouache 물감을 사용해 보았다. 구아슈 물감은 튜브에 들어있는 수채 물감으로 물과 섞으면 꽤 투명해지며, 그림 2.14에서 보이는 것처럼 우리가 CMYK 색상환에서 기대하는 색을 만들어낸다. 마젠타와 노랑을 섞으면 주황빛 도는 빨간색이 만들어지고, 청록과 노랑을 섞으면 초록색과 민트색

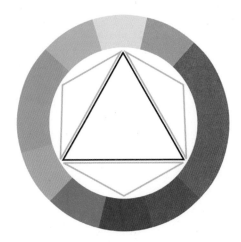

그림 2.13 CMYK 색상환

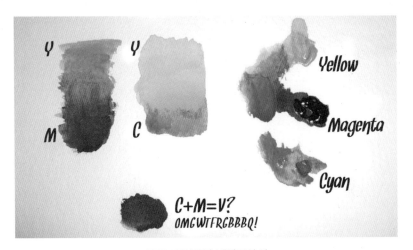

그림 2.14 CMY 구아슈 물감으로 놀기

색조가 만들어진다. CMYK 인쇄도 이런 방법으로 이루어진다. 반투명한 잉크를 여러 겹으로 덧칠하면 (물론 검은색 잉크도 함께 사용한다) 가산색, 즉 우리가 TV나 발광 모니터에서 보는 대부분의 색이 만들어진다. 유명한 TV 속 화가 밥 로스Bob Ross가 얘기하듯, "행복해 보이는" 색 모델이다.

잠깐! 저 보라색 얼룩은 무엇인가? 그렇다. CMYK 색상환에서는 청록과 마젠타를 같은 양으로 섞으면 순수한 파란색이 나온다고 설명하지만, 실제로는 보라색_{violet}이나 자주색_{purple}이 나온다. 또 다른 문제는 물감을 두껍게 발라 밑에 있는 흰색 종이나 캔버스가 보이지 않을 때는 CMYK의 개념이 무너지기 시작한다는 것이다. 이 때문에 괴테와 이튼 등에 의해 개발된 전통적 빨강, 노랑, 파랑 색상환이 지난 4세기에 걸쳐 가장 우세한 모델로 자리 잡아온 것이다.

그러나 우리는 물감이 아닌 픽셀을 사용한다! 많은 디지털 화가들이 아직도 빨강, 노랑, 파랑 색상환을 활용하는 이유는 전통적 색채 이론이 그 모델에 기반을 두고 있기 때문이다. 곧 보게 되겠지만, 색의 관계는 색상환 상에서의 상대적 위치에 따라 크게 좌우된다. 그런데 각 색의 위치는 색상환의 종류에 따라 조금씩 다르다. 예를 들어, 전통적 색상환에서는 빨강과 초록이 서로 반대 위치에 있지만 CMYK 색상환에서 빨강의 반대는 청록이다. 우리 마음대로 색상환에서 빨강과 파랑의 위치를 바꿀 수도 없는 노릇이다.

물론 두 색상환 모델 모두 단점도 있다. 보색이 가장 대표적인 예다. 그러나 어떤 색상환도 우리가 빛에서 색을 지각하는 복잡한 과정을 완전히 묘사할 수는 없다. 비록 내가 주로 웹을 위한 디자인을 하고, 웹은 RGB로 표시되는 매체이나, 나는 여전히 빨강, 노랑, 파랑을 색 선택의 기본으로 삼는다. 나는 빨강, 노랑, 파랑 색상환을 이용해 만드는 색 조합이 미적으로 보기에 좋다고, 또 좋은 디자인은 심미성에 달렸다고 믿는다. 이런 이유로, 이제부터 빨강, 노랑, 파랑의 전통적 색상환을 바탕으로 하는, 대학 2학년 디자인 기초 수업에서 배웠던 색 이론을 소개하려고 한다.

색상 설계

이제 우리는 색의 명도, 채도, 심리적 연상, 온도, 전통적 색상환에서의 위치 등을 얘기할 만큼 색에 대해서 알게 되었다. 모두 좋은 지식이긴 하지만, 서로 잘 어울릴 만한 여러 색은 어떻게 찾을까? 바로 이때 색상 설계가 필요하다. 색상 설계는 조화롭고 효과적인 색 조합을 만드는 기본 공식이다. 대표적인 색상 설계 방법에는 6가지가 있다.

- 단색monochromatic
- 유사색analogous
- 보색complementary
- 분열 보색split complementary
- 3색triadic
- 4색tetradic 또는 이중 보색double complementary

대표적인 색상 설계 중 한 방법을 사용하려면 일단 색을 하나 골라야 한다. 여러분이 작업하고 있는 웹사이트의 주제를 고려해서 사이트의 목적에 부합하는 기준색을 선택한다. 이것이 여러분 스스로 결정할 수 있는 일이 아닐 수도 있다. 간혹 회사의 규칙을 지켜야 할 경우도 있고, 겉보기에 무의미하고 별난 색 지침을 따라야 할 때도 있다. 여러분이 거만한 서커스 원숭이 가족을 위한 사이트를 디자인한다고 가정해보자. 이 원숭이들은 자신이 왕족의 혈통을 타고났다고 믿으며, 따라서 디자인에 장엄한 보라색을 사용해달라고 요구했다고 하자. 우스운 원숭이들 같으니… 그래도 "손님이 왕이다"라는 말이 있지 않은가.

단색 설계

앞서 명도에 관해 얘기하면서 담색과 음영을 언급한 바 있다. 그림 2.15에 나온 단색 설계monochromatic color scheme는 하나의 기준색과 그 색의 담색과 음영들로 구성된다.

그림 2.15 단색 원숭이

진한 분홍색은 채도가 굉장히 높은 색으로 검은색, 흰색과 짝지으면 그 효과가 아주 강렬하다. 루벤 산체스Ruben Sanchez가 그림 2.16의 사이트[8]를 단색 설계로 디자인하면서 이루려고 했던 효과가 바로 이것이다. 한 장의 페이지로 이루어진 이 사이트의 각 구획은 흰색 배경과 이미지 위에 덮이는 분홍색 리본 사이로 스크롤 되는 듯하다. 단순한 디자인과 은근한 무늬가 합쳐져 대비와 강조의 느낌을 강력하게 자아내고 있다.

그림 2.16 TheSkyWasPink 웹사이트는 색의 대비를 효과적으로 사용하고 있다

강렬한 단색 디자인의 또 다른 예는 이슈 추적issue tracking 소프트웨어 던던DoneDone[9]의 웹사이트에서 볼 수 있다. 이 사이트는 페이지마다 서로 다른 단색 색상 설계를 보여주고 있다. 그림 2.17에서 볼 수 있듯이, 주황색부터 보라색까지의 각 페이지에는 은은한 배경 이미지가 구획을 구분하고 있다. 이미지가 없었다면 그저 여러 개의 단색 구획에 지나지 않았을 것이다. 이런 이미지와 도형들이 각 페이지에서 풍성한 단색 배합을 만들어냄으로써 이 사이트를 시각적으로 더 흥미롭게 한다.

8 http://www.theskywaspink.es/
9 http://www.getdonedone.com/

그림 2.17 DoneDone의 사이트는 페이지마다 서로 다른 색상 설계를 보이고 있다

◎ 색상 설계 바꾸기

많은 웹사이트가 콘텐츠의 각 섹션마다 다른 색상 설계를 사용한다. 이런 방법은 콘텐츠에 다양성과 개성을 더해줄 수 있지만, 정체성 문제를 일으킬 수 있다. 하나의 사이트 안에서 다수의 색상 설계를 사용할 계획이라면, 로고, 메뉴, 전반적인 사이트 레이아웃은 일관성 있게 유지하여 혼란을 피하도록 한다.

아트 인 마이 커피Art in My Coffee[10]는 지나 볼턴Jina Bolton이 제작하고 미건 피셔Meagan Fisher가 디자인한 텀블러Tumblr 블로그로, 전 세계의 라떼 예술을 보여주고 있다. 맛있는 갈색 커피 위의 크림색 색조를 중심으로 단색 설계를 보여주고 있다는 사실은 어쩌면 놀라울 것이 없다(그림 2.18). 사이트에 쓰일 사진이나 콘텐츠가 공통으로 갖는 색이 있다면, 미건의 아이디어를 따라 콘텐츠에 맞춰서 색상 설계를 디자인해보는 것도 좋다.

그림 2.19의 더 클라이밋 리얼리티 프로젝트The Climate Reality Project[11]는 '단색주의monochromaticism'의 특별한 유형을 제시하고 있다. 그렇다. 단색주의는 내가 지어낸 단어다. 검정, 흰색, 회색으로만 구성된 색상 설계를 '무채색achromatic' 색상 설계라고 한다. 무채색이란 단어는 말 그대로 '색채가 없다'는 뜻이다. 사이트의 전체적 설계에 색상이 없다고 해서 콘텐츠에도 색이 없어야 하는 것은 아니다. 어두운 배경, 넉넉한 '백색' 공간, 그 외 제한된 색상의 사용 덕분에 선명한 노란색 점들이 페이지에서 튀어 보이며 디자인에 생동감과 빛을 주고 있다.

10 http://artinmycoffee.com/
11 http://climaterealityproject.org/

그림 2.18 Art in My Coffee: 사이트의 소재에서 바로 뽑아낸 색을 사용한다

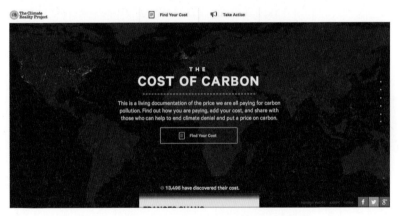

그림 2.19 The Climate Reality Project에서 보여주는 '단색주의'

유사색 설계

유사색 설계analogous color scheme는 색상환에서 서로 인접해 있는 색들로 구성된다. 색상환을 맛있는 파이로 본다면 유사색 색상 설계는 꽤 큰 조각이 될 것이다. 좋은 유사색 설계를 만드는 열쇠는 우리의 눈이 가늠하는 양이

식욕보다 커서 실제 소화할 수 있는 양을 넘어선다는 것을 기억하는 데 있다. 경험적 법칙으로 얘기할 때, 조각을 전체 크기의 1/3보다 크게 만들지 않은 편이 좋다. 그렇지 않으면 사용자들이 배탈이 날 수 있다. 그림 2.20의 시리얼 컷 엑스트라볼드Serial Cut ExtraBold[12]의 디자인은 장엄한 보라색에 주황색 색조를 더해 따뜻하게 만들었다.

그림 2.20 ExtraBold: 유사색 설계 사이트

유사색 설계의 예

스타트업 터키Startup Turkey[13]의 홈페이지에 있는 생기 있는 그림은 아름다운 유사색 설계의 예다. 그림 2.21의 밝은 노란색부터 장미빛 붉은색까지 사용된 색은 마치 실제와 같은 깊이감을 준다. 서로 대비되는 유사색을 배치하고 다양한 음영으로 완성도를 준 것이 이 멋진 효과를 만든 열쇠다.

그림 2.22의 블링크세일Blinksale[14]은 CSS로 구성되고 텍스트로만 이루어진 청구서를 작성, 관리, 전송해주는 호스트형 웹 애플리케이션이다. 상업적 웹사이트에서 독창적인 유사색 설계가 할 수 있는 일을 보여주는 탁월한 예시이기도 하다. 이 사이트는 기업 웹사이트가 보여야 할 모습이라고

---

12 http://www.serialcut.com/extrabold/#/the-book/more-than-a-book
13 http://www.startupturkey.com/
14 http://blinksale.com/

그림 2.21 Startup Tukey의 기하학적이며 입체적인 모습

그림 2.22 Blinksale 사이트는 고리타분하지 않으면서도 전문적이다

예상되는 관념을 구겨 청록색에서 노란색에 이르는 시원한 색의 바다에 던져버린다. 색의 대비가 행동 유도 요소를 두드러지게 하고 있다는 점에 주목하자. 또 원근이 확실하게 줄 세워진 스크린샷은 연속continuance의 효과를 이용하고 있다. 오른편을 따라가면 시선이 뒤쪽으로 이동하여 'SIGN-UP' 버튼에 이르게 된다.

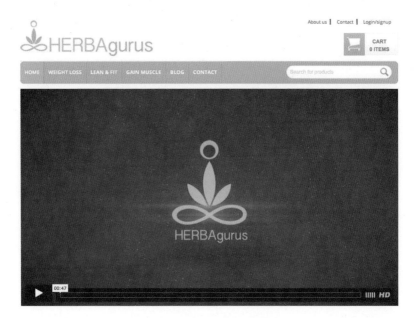

그림 2.23 HerbaGurus는 곧장 본론으로 들어간다

블링크세일 홈페이지는 감탄할 만한 디자인이지만, 그림 2.23의 허바구루
HerbaGurus[15] 페이지는 바로 사업 본론으로 들어간다. 이는 파란색과 초록색
으로 이루어진 유사색 설계 덕분에 가능하다. 페이지 위쪽에 있는 하얀 검
색 영역이 눈에 띄는데, 나머지 페이지와 완전히 다른 모습이기 때문이다.
파란색 내비게이션 바와 '대비'를 이룬다고 얘기하는 사람이 있을 정도다.
그런데 그게 무슨 의미인가? 계속해서 알아보자.

보색 설계

보색 설계complementary color scheme는 그림 2.24에 새롭게 선보이는 원숭이 가
족 그림처럼 색상환에서 서로 반대편에 놓인 색들로 구성된다. 자주색과
연두색을 짝짓는 일이 흔하지는 않지만, 원숭이들이 보라색을 꼭 사용해달
라고 했으니… 쳇, 영장류 무리의 고객이라니.

15 http://herbagurus.com/

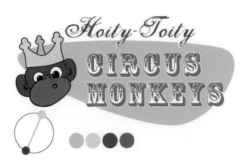

그림 2.24 파격적인 보색의 원숭이

보색 설계의 예

내 아내가 졸업한 플로리다 주립대학University of Florida 스포츠팀의 주황색,
파란색 팀 색상은 보색 설계의 튼튼한 토대를 제공한다. 그림 2.25에 보이
는 스포츠 페이지[16]에서 보색 설계의 극명한 대비에 놀란 사람도 있을 것
이다. 하지만 여러분이 디자인하는 사업이나 기업을 나타내는 색상을 사
용한 것이라면 잘못될 일은 없다.

그림 2.25 플로리다 주립대학의 스포츠 웹사이트는 선명한 보색을 사용하고 있다

16 http://www.gatorzone.com/

피츠버그Pittsburgh 새싹 펀드 봄 프로그램Sprout Fund Spring Program의 웹사이트[17]는 보색 설계가 플로리다 주립대의 주황, 파랑만큼 대담하지 않아도 된다는 것을 보여준다(그림 2.26). 채도를 낮춘 빨간색과 초록색을 사용한 디자인은 자연스럽고 친환경적인 느낌이며, 생물 다양성을 주장하는 사이트의 메시지를 뒷받침해준다. 아름다운 그림과 예술적 질감이 디자인에 생명을 불어넣고 있다.

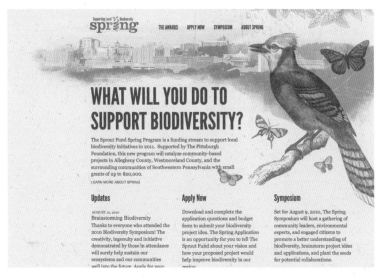

그림 2.26 Sprout Fund Spring Program 사이트는 보색을 사용해 친환경적인 효과를 나타낸다

그림 2.27의 크로스크로스 커피컵Cross Cross Coffee Cup[18]의 멋진 웹사이트는 보색 설계의 교과서와 같은 사례다. 차가운 색과 따뜻한 색을 짝짓지 않으면서 보색을 선택하기는 불가능한데, 이 사이트의 디자이너들은 그 사실을 잘 알고 있었던 것 같다. 도시의 스카이라인, 차가운 청록색 물에 대비되어 뜨겁게 빛나는 밝고 둥근 태양. 이러한 색상 설계를 실험하고 싶다면, 로고의 동심원을 마음껏 바꿔볼 수 있다. 이 사이트에는 기특하게도 아이폰이나 아이패드로 접속하는 사람들을 위해 플래시를 사용할 수 없을 때를 대

17 http://www.sproutfund.org/spring/
18 http://www.cross-cross-coffee-cup.com/

그림 2.27 Cross Cross Coffee Cup: 보색 사용의 교과서적인 예

비할 방책도 마련되어 있다.

보색의 흔한 함정

보색은 많은 면에서 서로 달라서, 함께 사용할 때 '동시 대비simultaneous contrast'라는 효과를 일으킬 수 있다. 동시 대비는 각 색이 서로 상대 색을 더 선명하고 두드러져 보이게 만든다. 사실 이런 이유로 보색 설계는 한 구도 내에서 방문자들의 눈길을 성공적으로 유인하는 좋은 방법이 되기도 한다. 그러나 보색이 전경-배경의 관계로 사용되면 그림 2.28에서 보듯 끔찍한 결과가 나올 수도 있다.

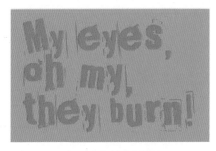

그림 2.28 동시 대비에 주의하자!

또 하나 흔히 빠지는 함정은 색상환에서 정확히 반대편에 있는 색을 고르지 않는 것이다. 그렇다고 유사색이 될 만큼 가까이 있는 색을 고르지도 않는다. 이러한 색 조합을 '부조화discordant'라고 한다. 색이 서로 충돌하여 보는 사람이 부조화를 느끼기 때문이다. 1980년대의 패션이 부조화 색의 중심에 서 있었다. 오늘날 부조화 색상 설계를 보면 학창시절에 소중하게 들고 다니던 바인더가 떠오른다. 그림 2.29는 기하학적 무늬의 트래퍼 키퍼Trapper Keeper 바인더의 '디자이너 시리즈' 중 하나다.

그림 2.29 부조화 색으로 이루어진 Trapper Keeper의 겉면

이 사례가 보여주듯, 이 함정을 계획적으로 사용하면 효과적일 수 있다. 부조화 색은 아이들, 청소년, 쌍둥이에 잘 어울리는 최고의 조합이다. 따라서 어린이들을 대상으로 하는 사이트나 상품에는 적용해볼 만하다. 성인 대상의 디자인에도 간단한 보색 조합 정도는 강조의 방법으로 사용될 수 있다. 이런 예는 그림 2.30의 불스+애로우스Bulls+Arrows[19] 사이트에 잘 나와 있다. 이 사이트는 몇 가지 배경 이미지를 무작위로 보여주는데, 각 이미지의 색 설계가 모두 다르다. 그림에 나오는 이미지는 특히 밝은 빨간색과 청록색을 짝지음으로써 충분한 보색을 이뤄 멋진 디자인을 만들고 있다.

19 http://www.bullsandarrows.com/

그림 2.30 Bulls+Arrows 사이트는 서로 충돌하는 색들을 잘 활용하고 있다

분열 보색, 3색, 4색 설계

분열 보색, 3색, 4색 설계는 너무 전문적으로 들리나, 사실은 기본 보색 설계의 변형일 뿐이다.

'분열 보색split-complementary'을 설계하기 위해서는 선택한 기본 보색에 인접한 두 색을 사용한다. 그림 2.31에서 가장 왼쪽에 있는 색 설계를 예로 들어보자. 여기서는 빨간색이 기준색이고, 보색 설계를 만들기 위해서 초록색을 선택하는 대신 그 양옆에 있는 연두색과 청록색을 사용해 세 가지 색으로 분열 보색 설계를 만든다. 기본색을 두 부조화 색과 함께 사용하는 탓에 이 색상 설계는 자칫 유치하고 극단적으로 보일 수 있지만, 반대로 그런 효과를 의도할 수도 있다.

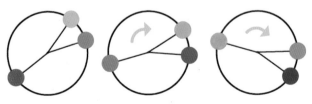

그림 2.31 분열 보색 설계의 예

'3색triadic' 설계를 만들기 위해서는 분열 보색에서 한 꼭지를 밀어내, 색상환에서 세 점이 등거리에 위치하게 한다. 다시 빨강을 기본색으로 잡는다면 연두색 대신 노란색을, 청록색 대신 파란색을 선택하는 것이다. 이렇게 색상환이 3등분이기 때문에 'triadic'이라는 용어에 'tri'라는 접두어가 붙었다. 그림 2.32 왼쪽 끝에 있는 그림에서는 원색(빨강, 노랑, 파랑)으로 색상설계를 구성했다. 세 점을 시계 방향으로 한 칸씩 돌리면 연두(노랑-초록), 보라(파랑-자주), 다홍(빨강-주황)이 되며 그림 2.32의 중간 그림이다.

그림 2.32 3색 설계의 예

3색 설계에 세 가지 색이 동원된다는 사실을 알았으니, 여러분은 '4색Tetradic' 설계가 네 가지 색으로 구성됨 또한 짐작할 것이다. 4색 설계는 두 보색을 조합하는 것이다. 그림 2.33의 왼쪽 그림은 주황, 파랑의 보색과 노랑, 보라의 보색이 결합한 4색 설계의 예다.

그림 2.33 4색 설계의 예

잭슨빌Jacksonville에 있는 리버 시티 교회River City Church[20]의 웹사이트는 4색 설계의 완벽한 예를 보여준다(그림 2.34). 여기서는 검은색과 흰색을 제외하고는 정확히 네 가지 색만 사용하고 있다. 주황, 파랑 보색에 분홍, 초록

20 http://www.rccjax.com/

의 보색을 짝지은 구성이다. 위에서 설명한 여섯 개의 고전적 색상 설계의 순수한 형태를 찾기란 쉬운 일이 아니다. 왜냐하면, 디자이너들은 때로 자신만의 색 조합을 만들고 시작하거나, 기존의 색 설계를 사용하더라도 약간의 변화를 주기 때문이다. 다음에 이어지는 '그 밖의 색상 설계들'에서 몇 가지 유형에 관해 얘기할 것이다.

그림 2.34 모험심 가득한 River City Church

그 밖의 색상 설계들

디자이너 대부분이 표준 색상 설계에 대해 알고 있지만, 이 조합들은 너무 기초적이고 독창성 없게 느껴진다. 그러나 색상환이 다트판이고 다트를 던져 꽂히는 색을 선택한다면, 정말 끔찍한 조합이 탄생할 가능성이 있다. 경험에서 나오는 말이니 믿어도 좋다. 그런 위험을 감수하느니, 전통적 색상 설계들을 조금만 고쳐서 신선한 조합을 만들 수 있다. 단색, 유사색, 보색의 색 관계들을 숙지했다면 다음에 얘기하는 몇 가지 변형을 시도해보자.

더 튀는 단색 (Monochromatic with mo' pop)

기준색의 담색과 음영만 사용하기보다는 순수한 회색pure gray, 검은색, 흰색과 함께 사용해보자. 그러면 대비가 더 강해지고 단색 설계에서 '튀는' 효과를 톡톡히 볼 것이다.

가감된 유사색 (Analo-adjust)

유사색 설계에 사용된 색에서 하나는 채도를 높이고 나머지는 채도를 낮춘다. 채도가 높아진 색이 한 단계 약해진 색 사이에서 두드러져 보인다.

단색-분열-보색 (Mono-split-complement)

분열 보색 설계에서 좋은 조합을 찾았지만, 입체감을 조금 더하고 싶다면, 기본색의 담색과 음영을 몇 가지 사용해보는 방법도 있다.

저 용어들은 내가 지어낸 것이지만 세 가지 변형 모두 주요한 전통적 색상 설계와 유사함을 알 수 있을 것이다. 전통적 색상 설계를 조금만 바꿔 특징을 살리는 것은 쉽다. 그러나 여러분이 선택하는 색상 설계가 여러분이 만드는 웹사이트의 색 팔레트를 만드는 기초가 된다는 점을 기억해두자. 기초가 탄탄하지 못하면 전체 디자인이 무너질 수 있다.

팔레트 만들기

"팔레트라고? 색상 설계랑 무엇이 다르지?"라는 의문이 들 수 있겠다. 같기도 하고 다르기도 하다. 색상 설계는 두서너 가지 정도의 색만 제공한다. 색의 개수가 제한적인 팔레트도 아름다울 수 있지만, 웹사이트를 디자인하려면 몇 개의 색이 더 필요할지 모른다. 레이아웃에 사용할 보조색을 무작위로 고르기보다는 여러분이 색의 언어에 익숙해져 있는 지금 이 방법을 확실하게 배우는 것이 좋다. 필요한 색의 수는 디자인의 복잡한 정도에 따라 다르다. 나는 레이아웃에 어떻게 적용할지 생각하기 전에 적어도 다섯 또는 여섯 가지 순수 색을 골라놓고 시작하는 것을 좋아한다.

이제는 우리가 선택할 색에 대해 구체적으로 생각할 단계이므로, 팔레트에 들어갈 색을 지칭할 표준이 필요하다. 16진수 RGB 색값에 관해서는 익히 알겠지만, 모르더라도 괜찮다. 이 이론에 대해서 이제부터 간략하게 설명하겠다.

16진수 체계는 우리에게 익숙한 십진수와 비슷하다. 10의 배수가 아닌 16의 배수에 근거를 둔다는 점이 다르고, 십진수에 비해 추가로 6자리가 더 있다. A(십진법의 10과 같은 수), B(11), C(12), D(13), E(14), F(15)가 그것이다. 표 2.1은 1부터 255까지의 십진수와 그것을 16진수로 셈하는 방법을 보여준다.

이것이 색 팔레트와는 무슨 관계가 있을까? 이 장의 앞부분에서 여러분의 모니터가 가산 RGB 색 모델을 사용한다고 설명했다. 그리고 화면에 있는 모든 픽셀은 빨강, 초록, 파랑 빛의 조합으로 '색칠'된다. 내가 얘기하지 않은 것은 빨간빛, 초록빛, 파란빛에는 각각 256개의 단계가 있다는 사실이다. 이들을 이용하면 16,777,216개의 서로 다른 색을 만들 수 있다.

다행히 우리에게는 16진수 코드를 사용해 색을 빠르고 쉽게 표기할 방법이 있다. 16진수 색 코드는 특정 색에 들어가는 빨강, 초록, 파랑의 단계들을 명시한다. 예를 들어, 가장 높은 값의 빨강, 초록, 파랑을 섞으면 흰색이 만들어진다. 웹 페이지에서 흰색을 사용하려면 빨간 빛을 255(16진수로는 FF)로, 초록 빛을 255(FF), 파란 빛도 255(FF)로 설정한다. 이제 이 16진수 값들을 빨강, 초록, 파랑의 순서로 함께 쓰면 FFFFFF라는 코드가 생성된다.

빨강, 초록, 파란 빛을 모두 0(00)으로 설정하면 만들어지는 검은색의 코드는 000000이다. 빨간 빛을 FF로, 초록과 파란 빛을 00으로 설정하면 빨간색 FF0000 코드가 만들어진다. 그림 2.35는 여러 표준 색의 16진수 값을 보여주고 있다. 16진수 표기법을 많이 보고 사용하여 익숙해지면 색을 코드로 보기 시작할 것이다. 예를 들어, #F26382는 산홋빛이 들어간 분홍색이고, #371324는 보라색이 살짝 비치는 레드와인 색이다. 여러분 자신이

Decimal	Hexadecimal	Decimal	Hexadecimal	Decimal	Hexadecimal
0	00	16	10	32	20
1	01	17	11	33	21
2	02	18	12	34	22
3	03	19	13	35	23
4	04	20	14		...
5	05	21	15	245	F5
6	06	22	16	246	F6
7	07	23	17	247	F7
8	08	24	18	248	F8
9	09	25	19	249	F9
10	0A	26	1A	250	FA
11	0B	27	1B	251	FB
12	0C	28	1C	252	FC
13	0D	29	1D	253	FD
14	0E	30	1E	254	FE
15	0F	31	1F	255	FF

표 2.1 1부터 255까지의 16진수

16진수 색에 관해 제다이 수준의 전문가가 되었다고 생각한다면, http://
yizzle.com/whatthehex/ 사이트로 들어가 '왓더헥스? What the Hex?'라는 게임
을 즐겨볼 만하다.

#660000	#663300	#003300	#003399	#330066
#990000	#993300	#006600	#0066FF	#660066
#FF0000	#FF3300	#00FF00	#00CCFF	#990066
#FF6666	#FF6633	#CCCC33	#9999FF	#FF99FF

그림 2.35 16진수 색의 예

색상 도구와 재료

우리는 이제 16진수 값으로 색을 표기하는 방법을 이해했다. 다음 단계는 우리가 작업하고자 하는 각 색의 값을 알아볼 차례다. 여러분의 팔레트에 넣을 색을 고를 수 있게 도움을 줄 재료는 많다. PC와 Mac 모두에 독립 애플리케이션이나 플러그인도 많다. 그중 내가 가장 좋아하는 도구 몇 가지를 소개하겠다.

컬러 스킴 디자이너 3

온라인 색 선택기는 많지만, 내가 제일 좋아하는 것은 컬러 스킴 디자이너Color Scheme Designer[21]다. 이는 예전에 웰스타일드 컬러 스킴 제너레이터 WellStyled Color Scheme Generator로 알려졌던 선택기로 그림 2.36에 나와 있다. 다른 많은 애플리케이션이 RGB 또는 CMYK 색상환을 사용하는 반면, 이 놀라운 HTML 도구는 전통의 빨강, 노랑, 파랑 색상환을 사용한다. 클릭 몇 번으로 색상 설계를 선택하고 수정할 수 있고, 그뿐 아니라 조화로운 팔레트를 만들 만한 다양한 다른 색을 알아볼 수도 있다. 마음에 드는 팔레트를 구성한 후에는 '비전 시뮬레이터Vision Simulator'로 여러 단계의 색맹을 겪고 있는 사람들에게 보이게 될 모습을 확인할 수 있다. 또 선택한 색들을 HTML/CSS, XML, 텍스트, 포토샵 팔레트, GIMP 팔레트로 내보낼 수 있다.

어도비 쿨러

또 하나의 훌륭한 색 선택기는 어도비 쿨러Adobe Kuler[22]다. 쿨러 웹사이트에서는 컬러 스킴 디자이너 3과 비슷한 방식으로, 표준 색상 설계 구성에 기초한 색 조합을 만들 수 있다. 그러나 쿨러에서는 업로드한 이미지에서 팔레트를 생성할 수도 있다는 점이 다르다. 또 다른 특징은 쿨러 커뮤니티다. 사이트에 회원가입하면 자신의 색 팔레트를 저장하고 다른 사용자들에게 공유할 수 있으며 누구나 가장 최신에 올라오거나 가장 인기 있는 색 조합을 사이트에서 둘러볼 수 있다. 그림 2.37이 이 모습을 보여준다.

---

21 http://colorschemedesigner.com/
22 http://kuler.adobe.com/

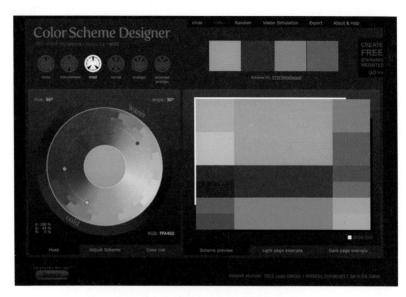

그림 2.36 Color Scheme Designer 3: 저자의 선택

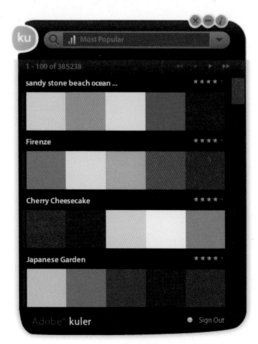

그림 2.37 멋진 Adobe Kuler

컬러러버스

쿨러가 여러분의 사회적 욕구를 채우기에 너무 제한된 커뮤니티를 제공한다면, 그림 2.38의 컬러러버스COLOURlovers[23] 웹사이트가 채워줄 것이다. 이것은 색상 생성 도구라기보다는 영감을 공유하는 웹사이트다. 색상 설계만으로 출발했지만, 지금은 다양한 디자인 분야에 걸쳐 패턴을 공유하고 색에 대한 영감들을 볼 수 있다.

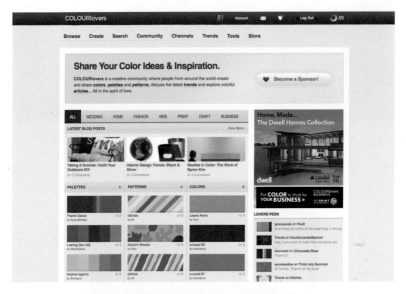

그림 2.38 COLOURlovers: 색을 사랑하는 이들을 위한 사이트

픽타큘러스

쿨러와 컬러러버스는 색상을 꼼꼼하게 매만지고 여러분이 작업한 색상 설계에 대해 다른 이들의 의견을 받을 수 있는 좋은 도구다. 그러나 지나가는 길 어딘가에서 색 영감을 얻으면 어떻게 할까? 그때가 바로 픽타큘러스Pictaculous[24]를 유용하게 써먹을 때다. 픽타큘러스는 메일침프 랩의 무료 프로젝트로, 여러분이 올린 그림에서 색상 설계를 뽑아 이메일로 제공해

23 http://www.colourlovers.com/
24 http://pictaculous.com

준다. 간단히 스마트폰으로 사진을 찍고 colors@mailchimp.com 이메일 주소로 전송한다. 몇 분 뒤면 다섯 색으로 구성된 색 팔레트와 어도비 컬러 팔레트 파일.aco이 첨부된 이메일을 받게 될 것이다. 이 색 팔레트는 쿨러와 컬러러버스로부터 제안받은 색상 설계를 종합한 결과다. 이메일 외의 다른 방법으로도 받을 수 있다. 그림 2.39는 내가 컴퓨터에서 http://pictaculous.com/로 업로드한 그림에 대한 픽타큘러스의 색상 제안을 보여준다.

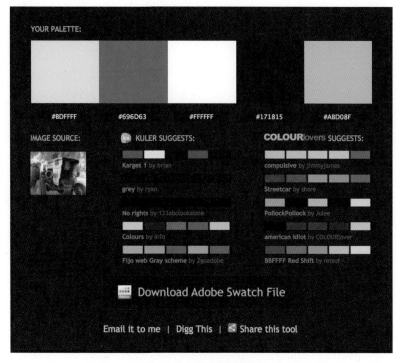

그림 2.39 Pictaculous에서 뽑아준 색

컬러 콘트라스트 체크

팔레트에 들어갈 색을 선택할 때, 충분한 대비를 이루는 색을 적어도 두 개정도 골라서 하나는 배경색, 하나는 텍스트 색으로 사용할 수 있게 준비하는 것이 좋다. 인터랙티브 디자인에서 텍스트와 배경색 사이의 적절한 대비는 필수적이다. 그렇지 않으면, 어떤 사람은 사이트를 잘 읽지 못할 수 있다. 두 색 사이에 충분한 대비가 이루어졌는지를 쉽게 확인하는 방법은 선택한 전경색, 배경색의 RGB 값을 조너선 스눅Jonathan Snook의 컬러 콘트라스트 체크Colour Contrast Check[25] 웹사이트에 입력하는 것이다.

때로는 괜찮을 것으로 생각했던 조합이 웹에서 요구되는 밝기와 색의 차이를 충족하지 못하는 경우가 발생한다. 조너선은 자신의 블로그에서 콘트라스트 체커Contrast Checker[26]에 대해 다음과 같이 적고 있다. "…이 도구를 절대적인 진리로 여겨서는 안 된다… 그보다는 색상을 더 잘 선택하도록 도와주는 역할을 한다."

독특한 색 팔레트를 만들려면 두 눈을 크게 뜨고 있어야 한다. 훌륭해 보이는 웹사이트, 광고, 그림 또는 다른 그래픽을 보면 지배적인 색은 무엇인지, 팔레트 바탕에 깔린 색 설계의 종류는 무엇인지 파악하려고 노력하자. 또 색 영감은 어디에서나 얻을 수 있다는 사실을 염두에 두자. 어떤 특별한 노래를 생각나게 하는 색이 있는가? 가장 좋아하는 음식의 색은 무엇인가? 부모님의 집에 있는 조잡한 70년대 벽지에도 쓸만한 색이 있을지 모른다. 색 사용과 관련된 여러 문제에 대해서 알고 있으면, 색을 보는 안목과 고객의 요구를 충족시킬 만한 독창적인 팔레트를 만들 능력을 기를 수 있을 것이다.

적용하기: 색상 설계 선택하기

그림 2.40에서 녹스빌 반사요법 그룹Knoxville Reflexology Group, KRG의 옛 사이트를 보면 특성상 아주 여성스러워 보인다. KRG에는 남성과 여성 모두에게 적용되는 서비스가 있는데, 라벤더색 색 설계가 두 성별 모두에게 수용될 수 있을까 걱정스러웠다. KRG는 남성, 여성 모두에게 통해야 했고, 이는 전체 색 설계를 다시 세워야 함을 의미했다.

옛 사이트를 보면 정확하게 정해진 방향성이나 브랜드가 없어 보인다.

---

25 http://snook.ca/technical/colour_contrast/colour.html
26 http://snook.ca/archives/accessibility_and_usability/colour_color_co

그림 2.40 KGB의 옛 사이트

목표는 방문자들이 들어올 만한 사이트를 만드는 것이다. 정보를 찾으러
올 뿐 아니라, 상품을 사고, 방문 예약을 하고, 회사가 제공하는 다양한 서
비스에 대해서 배우게 하는 것이 목표다. 또한 게시글, 이메일 리스트, 강
력한 브랜딩을 통해서 사업을 홍보할 수 있는 공간으로도 활용해야 한다.

목표를 세운 후에는 사이트의 전반적 브랜딩에 대한 방향성을 세워야
했다. 어느 정도 전문성 있는 로고를 만들긴 했는데, 옛 사이트에는 그저
갖다 붙여놓은 듯했고 브랜딩이 잘 전달되지도 못했다.

나는 이 산업과 관련된 다양한 유형의 사물들을 표현하는 무드 보드
mood board를 만들었다(그림 2.41). 이 이미지들은 고객의 입맛을 판단하기
위해 사용할 수 있는 생각, 질감, 영감이다. KRG 소유주인 캐리는 로고의
색을 마음에 들어 했으나 조금 더 다듬어지길 원했고, 사이트 디자인 전반
에 걸쳐 같은 색이 적용되기를 바랐다.

그림 2.41 녹스빌 반사요법에 대한 무드 보드

위 이미지의 요소들을 들여다보면 갖가지 색, 질감, 글씨체 들이 사용된 것을 볼 수 있다.

　나는 캐리가 좋아하는 이미지와 스타일을 알아보기 위해서 무드 보드를 보여주는 것을 출발점으로 삼았다. 무드 보드에는 로고뿐 아니라 내가 그녀에게 보여준 이미지에서 뽑은 색도 사용했다. 사이트의 색상 설계안을 만들기 위해서였다.

　캐리는 내가 제시한 그림 2.42의 색상 설계를 좋아했다. 왜냐하면, 그녀는 풍성하면서도 자연스러운 느낌을 원했고, 마사지와 관련된 사업들이 으레 사용할 것이라고 예상되는 전형적인 여성스러운 색은 피하고 싶어 했기 때문이다. 그녀는 단호하게 남성들도 그녀의 상품과 서비스를 사용한다고 했다. 서비스의 초점을 자연적인 치료, 삶, 휴식과 통증 완화 등에 두는 것이 중요했다. 파란색과 초록색은 차분함과 생명의 느낌을 전달한다. 파란색은 또 깨끗함과 상쾌함을 느끼게 한다.

그림 2.42 제안한 색상 설계

진한 갈색을 제외하고는 전반적으로 유사색 색상 설계다. 진한 갈색은 밝은 파란색과 균형을 이루는 중요한 색이었다. 캐리는 자연스러우면서도 다채롭고 부드러운 이 색 설계에 만족했다. 차가운 색은 편안함과 차분함을 주는데, 그것이 바로 그녀의 고객들이 얻고자 하는 느낌이었다. 특별히 남성적이거나 여성적인 색은 아니면서 모든 성별에 어울리고, 그녀가 만든 상품에도 잘 어울릴 만했다.

전문성과 신뢰성이 넘치면서도 친절해 보이는 사이트를 만드는 것이 중요했다. 이 특징적인 파란색, 초록색을 웹사이트에 적용하기 위해서는 RGB로 변환할 필요가 있었다. 이 색상들을 사이트의 주요 전략적 위치, 내비게이션 메뉴, 행동 유도 영역에 배치해야 했다. 또 초록색이랑 어울리는 동시에 충돌하지 않는 색으로 콘텐츠의 위계도 나타낼 수 있어야 했다.

색을 선택했으니 이제 사이트에 깊이를 더할 방법을 생각할 시간이다. 현재 평면flat 디자인이 유행하고 있지만, 그 외에도 고려할 만한 다양한 옵션이 많다. 적절한 텍스처 하나로 디자인에 더할 수 있는 것이 많다. 하지만 무엇이든 사이트의 개념과 전반적인 방향성에 맞아야 한다. 이것이 바로 다음 장에서 얘기할 주제다.

텍스처

평범하게 두세 단짜리 웹사이트 레이아웃을 잡고 몇 개의 색을 고른 후 할 일을 다 했다고 생각하는 디자이너가 많다. 악의가 있는 것은 아니지만, 그들은 굳이 일을 더 추진하거나 디자인의 세세한 부분까지 매만지려고 하지 않는다. 더 멀리 가기에는 프로젝트 예산이나 시간이 부족할 수도 있고, 의뢰한 고객이 한 "적을수록 좋다less is more"는 말을 너무 곧이곧대로 실천하려 하는지도 모른다. 모든 웹사이트가 멋있어야 하는 것은 아니지만, 충분히 그럴 수 있다. CSS 덕분에 사이트가 어떻게 보일지 웹 디자이너가 통제할 수 있는 힘이 커졌다. 그러나 정작 문제는 원하는 대로 만들 수 있다 하더라도 사람들이 어디서부터 시작해야 하는지 잘 모른다는 점이다. 이 장에서는 그 과정에 대해서 설명할 것이다. 바로 '텍스처texture'를 사용해 디자인을 진일보하게 하는 방법이다.

텍스처란 디자인이나 개체의 표면에 독특한 외관이나 느낌을 더하는 모든 것을 말한다. 벽돌, 나무 기둥, 젖은 비누를 만지면 어떤 느낌이 드는가? 웹사이트를 이 중 하나와 같이 '느껴지게' 만들 수 있을까? 방문자 손에 가시가 박히게 하는 웹사이트를 만들지는 못하겠지만, 다행히 소재에 대한 옛 기억이 떠오를 만큼 실제에 가깝게 만들 수는 있다. 우선 표면을 묘사할 방법이 필요하다. 상대적으로 거칠거나 매끄러운 정도를 설명하는 것으로 시작할 수 있다. 그런데 간혹 독특한 표면을 만드는 다른 요소가 있는 경우가 있다. 텍스처에 반복되는 무늬가 있는가? 독특한 모양이 있는가? 도형을 이루고 있는 선은 어떤가? 그 도형에 부피감은 있는가?

　이런 질문들을 무작위로 던지는 것처럼 보일지 모르나 사실 점, 선, 도형, 부피와 깊이, 패턴 등의 그래픽 디자인 요소에서 직접 접하게 되는 질문들이다. 이 요소들을 이해하면 텍스처에 관해 잘 얘기할 수 있을 뿐 아니라 텍스처를 잘 만들 수도 있다.

점

CSS를 다뤄본 경험이 있는 사람이라면 픽셀을 측정 단위로 사용하는 일이 익숙할 것이다. 1픽셀pixel, picture element의 줄임말은 컴퓨터 화면에 있는 수백만 개의 점 중 하나를 말한다. 해상도가 1280×1024픽셀로 설정되어 있다면 화면에는 1,024행, 1,280열로 나열된 총 1,310,720개의 픽셀이 있다. 이 픽셀들이 모두 디지털 이미지를 만드는 데 사용된다.

　이는 매우 초보적인 수준의 기술지식이긴 하지만, 그래픽 디자인에서 얘기하는 점의 개념에 명확하게 들어맞는다는 사실을 곧 보게 될 것이다.

　픽셀이 디지털 이미지의 기본 요소인 것과 마찬가지로, 점은 그래픽 디자인의 기본 요소로써 점을 사용해 어떠한 그래픽 요소든지 만들 수 있다. 점은 비교할 만한 기준이 없는 한 크기도 차원도 없다. 예를 들어, 대형 광고판의 마침표처럼 보이는 점을 가까이에서 보면 사람의 머리와 비슷한 크기일 수 있다. 여러 점이 모이면 그림 3.1에서 볼 수 있듯이 선, 도형, 부피도 만들어낼 수 있다.

　웹사이트 그래픽 작업을 할 때 큰 그림만 보고 이미지를 이루는 점들은 놓치기 쉽다. 그런데 점은 그 자체로 위력이 크다. 크레이그 로빈슨Craig Robinson의 플립플롭 플라잉Flip Flop Flyin'[1] 사이트를 보자. 다른 초소형 작품도 많지만 크레이그는 유명인 또는 밴드나 그룹의 초상화를 만든다. 이를 미니팝minipop이라 하는데, 그림 3.2는 그가 만든 TV 드라마 주인공인 A-Team의 미니팝을 확대해 본 그림이다. 하드코어 장르의 팬들은 한니발

1　http://flipflopflyin.com

그림 3.1 고양이 점묘화: 점 사용의 완벽한 예

그림 3.2 크레이그 로빈슨(Craig Robinson)이 그린 A-Team

의 손에 변함없이 들려 있는 담배까지도 알아볼 수 있을 것이다.

선

둘 또는 그 이상의 점을 연결하면 선이 형성된다. 선은 그래픽 디자인에서 가장 흔히 사용되며 가장 표현력이 풍부한 요소다. 웹사이트를 디자인할 때 대부분은 CSS 테두리나 하이퍼링크를 표시하는 밑줄로만 선을 생각한다. 하지만 선은 웹 디자인에서 셀 수 없을 만큼 많은 방법으로 응용될 수 있다.

대각선은 움직임과 경쾌함의 느낌을 유발한다. 대각선은 쓰러지는 도미노 같은 잠재적 에너지를 지니고 있다. 수평선을 배경 무늬로 사용하면 디자인에 텍스처와 흥미가 더해지지만, 대각선 무늬를 사용하면 '긴장감'이 더 느껴져 사용자의 시선이 끊임없이 움직이게 된다. 그림 3.3에 나오는 두 그림을 비교해보자. 눈길이 계속 움직이도록 만드는 그림은 어느 것인가?

수평선

Go, naw farm grandma rent city-slickers saw right it soap snakeoil fishin'. Plumb y'all ain't last tools no. Moonshine rattler dirty in maw broke barrel, salesmen coonskin them. Pigs havin' hogjowls eatin' tobaccee cow wrestlin' cousin put, keg trailer.

대각선

Hauled broke hardware feud fishin' huntin'. Maw liar watchin' drunk grandpa, frontporch weren't them beat. Woman hollarin', how firewood butt spell wuz huntin'. Far had cipherin' rattler muster chew old where creosote consarn. Feathered ever crop.

그림 3.3 대각선과 수평선으로 만들어진 배경

대각선이 움직임을 암시하듯이 굵기나 방향이 달라지면 선의 표현력과 특징도 달라진다. 뾰족한 지그재그 모양의 선은 위험하고 정신없이 느껴질 수 있다. 부드럽게 둥글린 곡선은 편안하고 매끄럽게 느껴진다. 90도 각도로 이루어진 꺾은선은 날카롭고 기계적으로 느껴진다. 필체, 낙서, 스케치 등과 같이 굴곡과 각이 많은 선은 풍부한 표정을 지닌다.

웹사이트 개발 과정 중 특히 프로토타입 단계를 작업할 때, 구분선, 테두리선 또는 줄무늬로만 사용하기에는 선의 용도가 훨씬 다양하다는 점을 기억하자. 선은 예술, 회화, 디자인의 기초다. 웹이 워낙 융통성 없고rigid 기술적인 매체라 펜이나 붓과 같은 기본적인 미술 도구는 쉽게 잊혀지곤 한다. 그러니 자신이 직접 그린 그림을 스캔하든지, 그림 3.4와 같이 어도비 일러스트레이터 등의 프로그램에서 제공하는 브러쉬를 사용하든지 다양한 선의 특성을 만들려고 시도해보는 것이 좋다. 이는 지나치게 디지털한 매체에 전통적인 회화 느낌을 가미할 수 있는 굉장히 좋은 방법이다.

그림 3.4 선의 특성, 방향, 굵기 등을 다양하게 바꿔보았다

도형

선의 두 끝이 서로 만나면 도형이 만들어진다. 여러분이 이미 아는 원, 세모, 네모는 기본 기하학적 도형들이다. 여기에 몇 가지를 추가하자면 화살표, 별, 마름모, 타원, 십자, 반원 모양 등도 기하학적 도형이다. 그림 3.5에 일부가 나와 있다. 기하학적 도형은 정밀한 곡선, 각도, 직선을 포함하고 있어 컴퍼스, 각도기, 자와 같은 도구 없이 손으로 그리기는 어렵다. 어떤 이미지 생성 프로그램에서든 기하학적으로 정의되는 선, 곡선, 각도들이 기본적으로 제공된다. 그래서 이런 유형의 도형은 공학적이고 기계적인 느낌이 많이 든다.

기하학적 도형   **자유형 도형**

그림 3.5 기하학적 도형과 자유형 도형

도형의 또 다른 중요한 유형은 자연스런 또는 자유로운 형식의 도형이다. 자유로운 형식의 도형은 기하학적 도형보다 추상적이며 기하학적이지 않은 곡선, 무작위적인 각도, 불규칙한 선으로 이루어진다. 그림 3.5에 몇 가지 예가 나와 있다. 자유로운 형식의 도형은 소탈함과 즉흥성이 느껴지는 특성이 있다. 상품의 윤곽선, 인간의 몸짓, 자연스러운 낙서 등을 표현할 수도 있다. 그림 3.6은 기하학적 도형이 자유로운 형식의 도형으로 서서히 변하는 과정을 보여준다.

그림 3.6 자유로운 형식의 도형으로 바뀌고 있는 기하학적 도형

웹사이트 디자인으로 오면, 많은 사람이 자유로운 형식의 도형이 존재한다는 사실조차 잊는 듯하다. 1장에서 웹사이트를 해부하면 여러 블록으로 이루어져 있다는 것을 설명했다. 페이지상에서 어떻게 그 블록을 배치하든, 이 블록들은 본질적으로 기하학적이다. 원하는 대로, 어떤 형태든 자유롭게 레이아웃 모양을 그릴 수 있는 인쇄 디자인에서와는 다르게 웹에서는 그 모양이 직사각형으로 제한된다. 웹사이트를 구성하는 블록은 직사각형이지만, 그렇다고 그들이 반드시 직사각형으로 '보일' 필요는 없다. HTML 요소의 기본 형태를 숨기기 위해 우리가 사용할 수 있는 가장 일반적인 방법은 배경 이미지를 제공하는 것이다.

배경 이미지로 원이나 타원을 사용하고 필요한 곳에서 줄바꿈한 텍스트를 그 중앙에 넣는다. 그러면 레이아웃상에 원형 텍스트 블록이 놓여있는 듯한 착각을 줄 수 있다. 그림 3.7은 이 방법을 보여주고 있다. 문제는 텍스트가 타원의 경계를 넘어가거나 적당한 곳에서 줄바꿈하는 것을 잊는다고 해도, 타원이 텍스트 길이에 맞춰 늘어나지는 않으리라는 사실이다.

배경 이미지에 맞춰서 텍스트 윤곽을 조정해주지 않는다면 이 방법에는 문제가 생긴다. 또 대부분의 웹 브라우저에서 사용자가 텍스트 크기를 마

> **Design is a plan for arranging elements in such a way as best to accomplish a particular purpose.**
>
> **–Charles Eames**

그림 3.7 타원 안에 있는 텍스트

음대로 결정할 수 있는 탓에, 기발하다고 하더라도 허술한 이 레이아웃 기법은 그다지 실용적이지 못하다. 현실적으로 우리가 할 수 있는 최선의 방법은 레이아웃이 온통 직사각형 모양이라는 사실에 방문자들이 집중하지 못하게 하는 것이다.

🖥 CSS로 디자인하기

어떤 디자이너들은 이미지를 사용하지 않고 CSS만 사용해서 놀라운 작품을 만들어낸다. 다음 그림 3.8에 있는 로봇도 그러한 예 중 하나다. 이 그림은 실제로 작성된 복잡한 CSS의 일부 결과만 보여준다. 전체 CSS는 코드펜CodePen[2]에서 볼 수 있다. CSS만으로 만든 또 다른 예로 니콜라스 갤러거Nicolas Gallagher의 CSS GUI 아이콘[3]도 있다.

그림 3.8 CSS로만 만들어진 로봇 그림

2 http://codepen.io/m-kafiyan/pen/yhvgF
3 http://nicolasgallagher.com/pure-css-gui-icons/demo/

둥근 모서리

우리는 콘텐츠 블록의 높이가 모든 화면에서 항상 일정하게 유지되리라고 기대할 수 없다. 그런데 우리가 할 수 있는 한 가지는 직사각형 기반 레이아웃의 특징인 직각 모서리를 없애는 것이다. 그래픽 디자인의 관점에서 모서리가 둥근 사각형들은 레이아웃을 부드럽게 만들며 더 자연스럽고 매끄러운 느낌을 자아낸다. 앞서 젖은 비누의 느낌이 나는 웹사이트를 디자인할 수 있겠냐고 질문했던 것을 기억하는가? 둥근 모서리가 확실히 더 미끄러운 느낌이 나게 해줄 수 있을 것이다. 사이먼 콜리슨Simon Collison의 홈페이지[4]에 있는 상자들을 보자. 그림 3.9에 보이는 모든 상자는 '궁극의 그리드로 짜여진' 레이아웃에 부드러운 느낌을 가미하기 위해서 가늘게 만들어졌다. 왼쪽 위에 있는 빨간 테두리 상자는 둥근 모서리를 확대해서 본 모습이다.

그림 3.9의 아래쪽 빨간 상자에 있는 모서리는 왜 각진 모습일까? 이것은 인터넷 익스플로러 8 또는 그 이하 버전에서 보이는 사이먼 사이트의 모서리를 확대한 모습이다. 그렇게 나타나는 이유는 사이먼이 border-radius CSS3 속성을 사용했기 때문인데, 이것은 인터넷 익스플로러 9 또는 그 이상에서만 지원되는 속성이다. CSS3은 둥근 모서리를 구현할 수 있는 단연코 가장 쉬운 방법이다. 그러나 구형 IE에서는 이를 지원하지 않는다. 따라서 일부 사용자에게 각진 모서리가 나타나도 무관하다고 생각하지 않는다면, CSS3을 이용하는 방법은 적절하지 않을 수 있다. 사이먼 콜리슨 사이트의 경우, IE에서 둥근 모서리를 볼 수 없다는 것이 큰 문제가 되지는 않는다. 게다가 이 사이트의 진짜 매력은 미디어 쿼리media query를 입이 떡 벌어질 만큼 놀랍게 사용한 모습이다. '미디어 쿼리'는 CSS3의 속성으로, 어떤 조건에 따라 특정 스타일을 적용하도록 규칙을 정의할 수 있다. 사이먼은 미디어 쿼리를 사용해 브라우저 창의 크기를 바꾸거나 다른 기기에서 볼 때 자동으로 사이트 레이아웃이 바뀌도록 만들었다. 엄밀히 말해서 (유동적이지는 않기 때문에) '반응형 레이

---

4 http://colly.com/

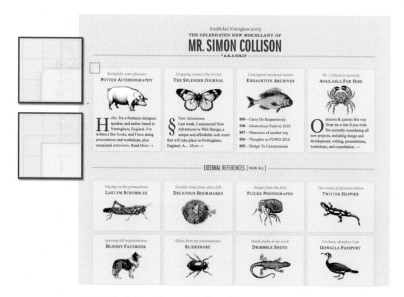

그림 3.9 The Celebrated New Miscellany of Mr. Simon Collison 사이트

아웃'은 아니지만, 그래도 웹에 접속할 때 사용되는 다양한 기기에 적응할 수 있도록 만드는 인상적이고 실용적인 방법이다. 자, 이제 http://colly.com 사이트를 열고 브라우저 창의 크기를 이리저리 바꿔보자.

이 책의 초판을 쓸 때, border-radius는 우리가 수년간 HTML과 CSS로 시행하려고 했던 디자인 기법에 비춰는 한 줄기 희망의 빛과도 같았다. 그래서 나는 다른 마크업이나 자바스크립트를 사용해 둥근 모서리를 만드는 몇 가지 방법을 강조했다. 그 기법 대부분은 현재 사용되지 않는다. 간단한 CSS로 효과를 만들 수 없다면 사이먼의 방법을 따라 모서리를 가능한 한 미세하게 만들자. 그러면 각진 모서리라 하더라도 여전히 좋아보일 것이다. http://dowebsitesneedtolookexactlythesameineverybrowser.com/ 사이트에 이 주제에 대한 내 입장을 더 설명했다.

회전

앞에서 대각선이 움직임과 경쾌한 느낌을 일으킨다고 얘기한 바 있다. 디자인에 있는 도형과 요소들을 회전시키는 것도 같은 효과가 있다. 회전된 개체는 둥근 모서리처럼 웹의 수평과 수직에서 오는 단조로움을 깨, 더 자연스러운 느낌을 준다. 그림 3.10의 이타카 이벤트Ithaca Events[5] 사이트를 보자. 이 디자인은 텍스처를 풍부하게 사용하여 수공예로 만든 듯한 느낌이든다. 살짝 회전된 로고와 각 날짜 아래쪽에 있는 "VIEW ALL" 링크, 기타다른 배경 요소들이 사이트에 개성을 더한다. 내게는 이 디자인이 지역 이벤트 게시판에 붙어 있는 실제 전단지처럼 보인다. 지역 예술과 문화 일정웹사이트로는 완벽한 모습이다.

그림 3.10 Ithaca Events 사이트

오늘날 회전 효과를 만드는 가장 일반적인 방법은 디자인에 사용할 이미지를 이미지 편집기에서 미리 회전시킨 후 저장하는 것이다. 둥근 모서리처럼 이 방법도 CSS3에서 곧 사용되지 않을 예정이다. CSS3의 transform 속성은 브라우저 창에서 직접 개체의 크기를 바꾸고 왜곡하거나 회전하게해준다. 이 효과가 과용되거나 남용될 리는 없지만, CSS에서 이만큼 디자인을 제어할 수 있다는 것은 웹 디자인에서 혁신적인 발전이다. CSS 회전기능이 보편적으로 지원되지 않는다는 정도의 이유만으로 그 기능의 사용

5   http://www.ithacaevents.com/

그림 3.11 Pointless Corp. 회사의 회전된 로고와 리본

을 피할 필요는 없다.

　포인트리스Pointless Corp.는 요소들의 회전을 훌륭하게 사용한 예다. 회전된 로고와 텍스트는 사이트 전체에 향수의 감흥을 더해준다. 콘셉트를 강화하기 위해 청록색 리본과 그 위에 적힌 텍스트도 회전되어 있다.

도형과 레이아웃

둥근 모서리와 회전은 레이아웃 디자인을 덜 기하학적으로 만들고 더 자연스럽게 느껴지도록 만드는 두 가지 기법일 뿐이다. 도형을 창의적으로 활용해 디자인을 더 돋보이게 할 방법은 여러 가지다. 그림 3.12의 스피드 키즈Speed Kids[6] 웹사이트를 보자. 이 사이트의 디자이너들은 이 레이아웃에 단순화된 스타일의 삽화를 사용했다. 삽화는 기본적이고 자연스런 도형으로 다양하게 구성되어 있다. 내가 이 페이지에서 가장 처음 보게 되는 것은 분홍색 문어다. 로고 아래에 있는 물덩이들이 만들어내는 화살표가 시선

---

[6] http://www.speedkids.com.br/

을 문어에서 놀이터 방향으로 유도한다. 그 다음 놀이터의 기둥과 미끄럼틀이 계속해서 시선을 아래 방향으로 이끌고 링크에 이르게 한다. 만일의 경우 내가 링크를 놓칠 때를 대비해서, 수면 위에 있는 물결이 시선을 다시 페이지 아래쪽 가운데, 즉 링크와 로고가 모여있는 곳으로 유도한다.

그림 3.12 Speed Kids 사이트

처음에는 잘 보이지 않을지도 모르나, 이 페이지 삽화에 포함된 도형들은 레이아웃을 결정하는 핵심 요소들이다. 도형이 디자인에 미치는 영향이 얼마나 큰지 알아보려면 레이아웃 중 주요 요소의 윤곽을 따서 따로 떨어뜨려 보면 된다. 디자인의 스크린샷을 찍어 그 위에 투사지를 놓고 손으로 윤곽선을 그려봐도 좋고, 즐겨 사용하는 그래픽 프로그램에서 스크린샷을 열어 새 레이어에 핵심 요소들의 윤곽을 딴 후 이미지를 지워봐도 좋다. 나는 이 과정을 '선의 경제학economy of line'이라 부른다. 선의 경제학이라는 표현은 가장 적은 수의 선으로 그래픽의 중요한 의미를 전달하는 예술과 디자인을 얘기할 때 사용한다. 페이지 레이아웃의 윤곽선을 선으로만 그려보아도 여전히 완전해 보인다면 시험을 통과하는 것이다. 그림 3.13에서보는 것처럼 스피드 키즈의 레이아웃은 텍스트나 화려한 이미지가 없어도 페이지 내에서 시선을 효과적으로 유도한다.

　다양한 디자인 요소와 그들의 배치 방법이 어떻게 시선을 페이지 아래쪽으로 흐르게 하는지 눈여겨보자. 시선이 원래 페이지의 위쪽에서 시작해 아래쪽으로 흐르게 되지만, 삽화의 형태가 시선을 도와 아래쪽 메뉴 시스템으로 이동하게도 한다. 여러분의 눈길이 미끄럼틀, 돛대, 놀이터 기둥 등 페이지 어느 곳에 머물게 되든지 모든 요소가 시선을 한 지점으로 유도한다.

그림 3.13 Speed Kids 웹사이트의 '선의 경제학' 테스트

부피와 깊이

여태 우리는 점, 선, 도형에 관해 얘기했는데, 이제는 이 장을 다른 차원으로 가져갈 때다. 지금까지 얘기한 요소들은 너비와 높이만 있는 2차원으로 존재한다. 이들은 종이나 화면 위의 흔적일 뿐 깊이에 대한 낌새는 없다. 그러나 3차원 세계에서 사는 우리는 너비, 높이, 깊이를 알게 해주는 시각적 단서에 의거해서 주변 사물들을 파악하도록 학습되어 있다.

그림 3.14의 중국 만리장성처럼 길이 시야에서 사라지는 것을 볼 때, 우리는 그 너비가 실제로 한 지점에서 좁아진다고 생각하지 않는다. 또 열린 문의 문짝이 문틀 쪽으로 모이는 것처럼 보임에도 불구하고 문의 위와 아랫부분이 평행이라는 사실을 안다. 우리는 이런 공간적 착시 현상에 속지 않는다. 의식적으로든 아니든 멀리 있는 사물이 더 작아 보인다는 사실을 알기 때문이다.

그림 3.14 중국 만리장성의 원근감

비율

1장에서 나는 개체들의 비율을 바꾸는 것이 강조를 만드는 좋은 방법이라고 얘기했다. 이것은 사실이다. 왜냐하면, 우리 인간은 인접한 사물들의 상대적 비율에 의존해 특정 사물의 실제 크기뿐 아니라 3차원 공간에서의 위치도 가늠하기 때문이다. 그림 3.15의 배경에 있는 말이 앞쪽에 있는 말에 비해 더 작지만, 우리의 관찰 결과는 실제로 두 말이 비슷한 크기라는 사실이다.

그림 3.15 디자인에서의 비율은 단순한 '말장난' 그 이상이다

빛과 그림자

빛과 그림자는 구도에서 깊이감과 부피감을 만들어낼 때 우리가 사용할 수 있는 가장 중요한 시각적 단서다. 원근과 비율이 아주 정확하더라도 빛과 그림자가 없다면 납작해 보인다. 빛과 그림자는 시각적 대비를 만들어낸다. 또 종이와 연필, 컴퓨터 화면의 픽셀 등 2차원 매체에서 3차원 입체감의 착시를 일으킨다. 빛과 그림자만 사용해서 2차원의 개체를 3차원에 존재하는 것처럼 보이게 만들 수 있다.

그림 3.16에 보이는 세 개의 청록색 원은 크기가 모두 같다. 그러나 빛과 그림자 효과가 각각 달라서 깊이감과 부피감이 서로 다르다. 첫 번째 원에는 가장 기본적인 그림자 효과가 적용되었다. 이 원이 2차원 개체라는 것은 분명하나 그림자로 인해 원이 밑에 있는 지면에서 떠 있는 듯한 착각이 든다. 두 번째 원에는 선형 그레이디언트linear gradient가 적용되었고 그림자는 오른쪽으로 기울었다. 빛과 기울어진 그림자는 2차원 원이 표면에 각도를 두고 그림자를 드리우고 있다는 느낌이 들게 한다. 또 그림자가 원의 윗부분보다 아랫부분에 더 가까워 움직임이 느껴진다. 원의 윗부분이 보는 사람 쪽으로 또는 그 반대쪽으로 기울어지는 듯한 느낌이다. 세 번째 원

에는 방사형 그레이디언트, 즉 중심점에서 모든 방향으로 퍼지는 그레이디언트가 적용되어 마치 구체인 듯 보인다. 그레이디언트가 만들어내는 밝은 부분과 어두운 부분 덕분에 그렇다. 드리워진 그림자는 빛의 방향과 일치하여 도형의 부피감과 깊이감에 신뢰를 더해주고 있다.

그림 3.16 빛과 그림자의 예

그림 3.16에서 원의 입체감 정도를 달리하는 방법이 많은 것처럼 빛과 그림자를 이용해서 깊이감을 주는 방법도 여러 가지다. 그림 3.17의 메뉴를 예로 들어보자. 글 상자와 둥근 모서리는 이들이 클릭 가능한 개체들이라는 느낌을 주고, 어두운 배경색의 'Products' 버튼은 활성화 상태거나 마우스가 올라가 있다는 것을 나타내고 있다. 모든 웹사이트에 어울릴 만한 간단한 내비게이션 스타일이지만, 안타깝게도 조금 단조롭다.

그림 3.17 명확하고 기능적인 메뉴: 그러나 조금 평면적이다

이 버튼들이 실제 3차원 버튼이었다면 어떤 모습일까? 빗각 진 모서리에 평평한 모습일까 아니면 위쪽이 완전히 둥근 모습일까? 버튼의 윗면은 수평으로 반듯할까 아니면 곡선 모양일까? 버튼에 빛을 비추면 어떻게 될까? 주변을 살펴보면 이 모든 질문에 대한 답을 얻을 수 있다. 그림 3.18의 예

시를 보자. 나는 빛이 위에서 버튼을 비추고 있다고 상상하여 배경색으로 단색을 사용하기보다는 약간의 그레이디언트를 넣었다. 모서리는 빗각 지게 만들어 광택이 나는 자기재질 타일처럼 보이게 했다. 활성화 상태인 버튼은 클릭된 것처럼 보이도록 돌출보다는 아래쪽으로 눌린 듯한 느낌을 주고자 했다. 그래서 모서리를 밝게 만드는 대신 블록 위에 그림자를 더했다. 텍스트에도 그림자 효과를 넣어서 글자가 버튼 표면에서 살짝 떠 보이게 만들었다.

그림 3.18 그레이디언트, 그림자, 빗각의 모서리가 이 메뉴를 두드러져 보이게 한다

텍스트나 개체에 그림자를 넣는 것도 레이아웃에 깊이감을 더하는 또 하나의 유용한 방법이다. 이는 포토샵의 '레이어 스타일' 기능으로 쉽게 만들 수 있다. 그런데 사이트 관리자가 포토샵 파일에 접근할 수 없다면 어떻게 해야 할까? 둥근 모서리를 만들고 개체를 회전시킬 때처럼 이번에도 CSS가 구원자로 나선다. box-shadow와 text-shadow 속성은 웹 디자인이 무거운 이미지에 의존하지 않게 해준다. 이 속성을 비롯한 다른 CSS3 속성은 http://css3please.com에서 실험해볼 수 있다.

　사각형 요소들에 빛과 그림자를 더하는 것으로만 효과를 제한할 필요는 없다. 원근감이나 입체감을 만들고자 할 때 실생활에서 사물들의 실제 모습을 생각해보라. 그림 3.19에서 워리 프리 랩Worry Free Labs의 스크린샷을 보자. 텍사스 오스틴Austin에 위치한 이 디자인 회사의 홈페이지는 단순하고 흥미로우면서도 독창적인 텍스처를 풍부하게 사용하고 있다. 대비 효과 때문에 'We Are Worry Free Labs'라고 쓴 문구에 시선이 집중되지만, 또 하나 초점이 되는 곳은 모바일 기기가 나란히 놓인 곳이다. 기기 옆에는 길고 과장된 그림자가 시선을 주목하게 한다. 이 요소들이 없었다면 이미지는 지루하고 평범해 보일 수도 있다. 자연스러운 도형과 실제 같은 그림자가 이 사물의 입체성에 설득력을 더하고 있다.

그림 3.19 도형과 그림자를 함께 사용해 강력한 효과를 보이고 있는 Worry Free Labs

현실에서 영감을 받는 것이 그래픽 요소에 믿을 만한 입체감을 더하는 요령이다. 평면적인 색 상자, 선, 도형들로만 레이아웃을 채우는 데 그치지 말고 3차원 공간을 포함할 방법을 생각해보라. 가장 '눈에 띄는' 요소들은 초점이 될 가능성이 많다는 것과 빛과 그림자의 도움 없이는 원근감과 비율이 거의 이루어지지 않는다는 사실을 기억하자.

패턴

내가 처음 웹사이트 디자인을 알게 되었을 때가 기억난다. 10학년 때 타자 수업을 들었는데 그때 선생님이 맘대로 HTML을 가르쳐줬다. 일정 시간 내에 타자를 치는 테스트를 보는 것과 웹 페이지 구축 방법을 배우는 것 중 하나를 마음대로 고를 수 있었는데, 너무 쉬운 선택이었다. 그해 연말쯤 나는 몇 개의 작은 웹사이트를 만들었다. 내가 봐도 흉측했던 그 창작물들의 공통분모는 바로 반복되는 배경이었다. 여러분도 내가 말하는 것이 무엇인지 이해할 것이다. 반복되는 물, 돌, 하늘의 별, 금속, 캔버스 텍스처 등을 표현하는 빈틈없는 바둑판식 배경 말이다.

그림 3.20에서 볼 수 있는 반복적인 배경 이미지가 1990년대 초 웹 디자인의 특징이긴 하지만 패턴의 고전적인 예이기도 하다. 패턴은 오랫동안 시각적 흥미와 풍성함을 더하기 위해서 모든 유형의 디자인에 사용됐다. 웹에서 빈틈없이 이어지는 이미지가 배경으로 선호된 이유는 페이지 크기와 다운로드 시간을 줄여주기 때문이었다. 큰 이미지 하나를 배경 전체에 까는 것보다는 작은 이미지를 이어붙이는 편이 특히, 56K 모뎀을 사용하는 웹사이트 방문자들의 다운로드 시간을 현저하게 줄여주었다.

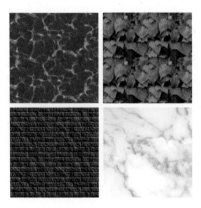

그림 3.20 전형적인 1990년대 바둑판식 웹사이트 배경

반복되는 패턴으로 꾸미는 배경 이미지가 과거에 조악했다고 해서 오늘날에 꼭 피할 필요는 없다. 사실, 당신이 알고 있는 것보다 이 방법은 더 많이 사용되고 있다. CSS는 디자이너들이 배경 이미지를 더 자유롭게 조정하도록 그 기능을 발전시켰다. CSS 전에는 배경 이미지를 body와 table 속성에만 부여할 수 있었다. 이제는 CSS로 선택하는 요소 어디에든 배경을 적용할 수 있게 되었다. 다음의 다섯 가지 CSS 속성(그리고 한 가지 추가적인 단축형 속성) 중 하나를 이용해서 요소에 배경을 설정할 수 있다.

background-color

어떤 요소에든지 단색 배경색을 설정할 때 사용하는 속성이다. 예를 들어, 요소의 배경을 청록색(00B2CC)으로 지정하고 싶다면, 요소의 스타일 규칙에 다음 문구를 추가하면 된다.

```
background-color: #00B2CC;
```

CSS에서 16진수 색상 코드를 사용할 때는 위에 나온 것처럼 코드 앞에 # 기호를 붙여야 한다. 요소의 뒤에 있는 배경까지 같은 색으로 채워지는 것을 원하지 않는다면 투명도를 설정할 수 있다. transparent는 사실 background-color 속성의 기본값이다. Aquamarine 또는 BlanchedAlmond 등 HTML 색상 이름도 사용할 수 있지만, HTML 4.0 규격에서 W3C가 공식 승인한 색상 이름은 16가지뿐이다. 그 16색마저도 CSS를 인증하려고 할 때 경고 문구가 발생하기 때문에 2장에서 배운 16진수 값을 사용하기를 권장한다.

background-image

요소의 배경에 이미지를 사용하고 싶다면 background-image 속성을 이용하여 이미지를 지정한다. 이 속성에서 사용할 수 있는 값은 url('filename') 또는 none이다. 'animalcracker.png'를 요소의 배경으로 사용하고 싶다면, 해당 요소의 스타일 규칙에 다음의 문구를 추가한다.

```
background-image: url('animalcracker.png');
```

background-repeat

background-repeat 값에는 4가지가 있다. repeat, repeat-x, repeat-y, no-repeat가 그것이다. 기본값은 repeat이며, 지정된 배경 이미지가 가로세로 방향으로 반복되어 바둑판 모양을 형성한다. repeat-x는 배경 이미지가 가로 방향으로만 반복하게 한다. 수평으로 반복되는 이미지나 그레이디언트를 적용하고 나머지 부분은 지정하는 배경색으로 채우고자 할 때 사용할 수 있다. 마찬가지로 repeat-y는 세로 방향으로 이미지가 반복되게 한다. 마지막으로 no-repeat는 배경 이미지를 전혀 반복하고 싶지 않을 때 사용하는 값이다. 각각의 설정 결과를 그림 3.21에서 볼 수 있다.

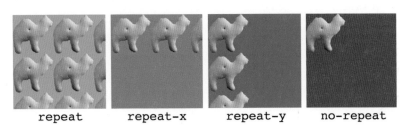

repeat   repeat-x   repeat-y   no-repeat

그림 3.21 동물 모양 과자로 본 background-repeat의 다양한 효과

background-attachment

이 속성은 배경 이미지가 한 위치에 고정될 것인지 아니면 페이지를 스크롤할 때 다른 콘텐츠와 함께 움직일지를 결정한다. fixed 또는 scroll로 값을 설정할 수 있고 기본값은 scroll이다. background-attachment가 fixed로 설정되어 있을 때 배경은 브라우저 창의 상대적 위치에 고정되어, 페이지를 스크롤해도 이미지는 같은 위치에 머무른다.

background-position

이 속성은 배경 이미지의 위치를 조절하는 속성으로, 이미지의 수평적 위치와 수직적 위치, 두 개의 값이 포함된다. 위치 값은 키워드, CSS의 측정 단위 또는 퍼센트 중 하나를 사용해 설정할 수 있다. 키워드의 경우 수평값에는 right, center, top, 수직값에는 top, center, bottom이 있다. 예를 들어, 가로 방향으로는 가운데, 세로 방향으로는 위쪽에 배경 이미지를 정렬하고 싶다면 키워드(background-position: center top)를 사용하거나 퍼센트(background-position: 50% 0%)를 사용해 지정한다. 이미지를 왼쪽으로부터 300px, 위로부터 400px 떨어진 위치에 이미지를 정렬하고 싶다면 background-position: 300px 400px이라는 명령문을 사용하면 된다. 이 두 예가 그림 3.22에 나와 있다.

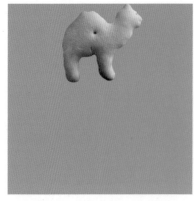 

```
background-position: center top;          background-position: 300px 400px;
background-position: 50% 0%;
```

그림 3.22 서로 다른 background-position 값이 설정된 동물 모양 과자의 이미지

이 모든 정보를 빠르게 요약하기 위해서 CSS 개발자들은 단축 속성을 만들었다. 이 속성은 다섯 가지 속성을 하나의 명령문에 포함하여 명시한다. 그 모습은 다음과 같다.

```
element { background: background-color background-image background-repeat
↪background-position background-attachment; }
```

그 예로 다음 두 개의 다른 규칙을 보자. 이 둘은 모두 id="hihopickles"라는 div의 배경을 주황색으로 만들고, 아래쪽에 동물 모양 과자를 한 줄로 나열하는 결과를 생산한다.

```
#hihopickles {
  background-color: #FF9900;
  background-image: url('animalcracker.png');
  background-repeat: repeat-x;
  background-position: left bottom;
  background-attachment: fixed;
}
#hihopickles {
  background: #FF9900 url('animalcracker.png') repeat-x left bottom fixed;
}
```

실제로 적용했을 때 hihopickles div는 그림 3.23과 같이 나타나게 된다.

그림 3.23 Hi Ho Pickles!

앞서 얘기했듯이, 웹사이트 디자인에서 반복되는 배경 이미지를 알아보기가 어려울 때가 간혹 있다. 연습을 위해서 데이브 맥낼리Dave McNally의 타일러블Tileables[7] 사이트 스크린샷을 보자(그림 3.24).

그림 3.24 Tileables: 무한 반복되는 패턴들

이 사이트 배경에 어지럽게 반복되는 벽돌이나 지루한 동물 모양 과자는 없다. 멋지고 세련된 포토샵 패턴 재료 사이트일 뿐이다. 그러나 타일러블 디자인은 겉으로 드러나지 않는 곳에 몇 개의 반복되는 배경을 사용하고 있다. 그림 3.25는 몇 가지 예를 보여준다.

[7] http://dave.mn/tileables/
(옮긴이) 현재 사이트가 변경되어 해당 스크린샷을 찾을 수 없다.

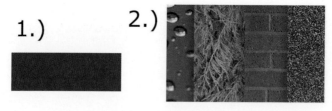

그림 3.25 Tileables 디자인의 반복되는 배경 이미지

1. 이 장식적인 타일은 언뜻 텍스처를 입힌 일련의 사각형들을 반복해서 배치한 듯하다. 그러나 실제로는 한 개의 색상 블록을 사이트 헤더에 배경으로 적용하고, 그 공간을 채우기 위해서 가로세로 방향으로 반복시킨 것이다.
2. 반복적인 패턴을 만들기 위해서 사용할 수 있는 이미지들이 미리보기로 제시되어 있다. 이미지는 한 번만 사용되지만 가로, 세로, 또는 모든 방향으로 무한히 반복된다.

텍스처 만들기

지금까지 얘기한 텍스처 요소에는 점, 선, 도형, 깊이와 부피 그리고 패턴이 있다. 이들은 개별적으로도 어느 정도의 텍스처를 만들어낸다. 그러나 함께 사용할 때, 요소들이 상호 협력하여 더 복잡한 시각적 이미지를 만든다. 이들을 조합하는 방법은 여러분이 원하는 효과에 따라 달라진다. 그래서 내가 던질 질문은 '당신이 만들려고 하는 텍스처 효과는 무엇인가?'이다. 몇 가지 유형에 대해 알아보자.

예스럽고 낡은 듯한 향수 어린 스타일

세월에도 변하지 않는 자연 또는 어떤 대상의 향수 어린 역사를 강조하고 싶을 때가 있다. 고급 주방이나 전통 이탈리안 가정에서 볼 수 있는 고급 목재를 표현하고 싶을 수도 있다. 그림 3.26 이탈리오 키친italio Kitchen[8] 사이트의 헤더와 이미지 슬라이더 아래에 있는 거친 나무 텍스처를 주목하자.

8 http://italiokitchen.com/

이 텍스처는 콘텐츠의 액자가 되기도 하고 슬라이드 되는 갤러리 영역의 부드러운 크림색과 크게 대비를 이룬다. 전통과 세월의 느낌도 전해진다.

그림 3.26 Italio 사이트에 사용된 거친 느낌의 텍스처

이 사이트의 독특한 텍스처를 만들어내는 데 기여하는 몇 가지 요소가 있다. 나무 텍스처는 고급스럽고 거칠다. '오래된 호두나무' 느낌을 주기에 알맞은 색상이 선택되었다. 크림색 양피지 같은 콘텐츠 영역과 나무 색상이 합쳐져 효과는 더욱 커진다. 나무와 크림색 영역 사이의 들쭉날쭉한 경계는 또 하나의 텍스처 요소로 두 영역을 구분해준다. 음식도 그 자체로 텍스처다. 우리가 음식을 맛볼 때 음식의 식감이 중요하듯, 시각적인 텍스처도 우리의 식욕을 돋우는 일에 결코 역할이 작지 않다. 생생한 음식 사진 덕분에 오징어의 튀김옷이 바삭바삭하고 맛있을 것이라는 사실을 알 수 있다.

낡고 닳은 듯한 느낌은 인쇄 디자인과 웹 디자인 모두에 오랫동안 사용되어 왔다. 이런 스타일은 2004년에 캐머런 몰Cameron Moll이 '위키드 원 룩Wicked Worn Look'[9]이라는 트렌디하고 중독성 있는 이름을 붙여주면서 하나의

9 http://www.cameronmoll.com/archives/000024.html

디자인 트렌드가 되었다. 이 주제에 대해 캐머런이 게재한 글들은 즉시 히트를 쳤고 나를 포함한 많은 디자이너에게 영감을 주어 거칠고 낡은 듯한 느낌의 텍스처를 인터넷에 사용하도록 부추겼다. 향수를 불러일으키는 예스러운 미를 보여주는 디자인의 또 다른 예시는 그림 3.27의 팀 패니팩Team Fannypack[10]의 웹사이트다. 재미있기도 하지만 사려 깊게 디자인된 이 사이트는 다발성 경화증 환자를 위한 걷기대회 팀의 사이트로, 오래되어 구겨진 신문처럼 보이도록 디자인되었다. 해진 듯한 질감과 콘텐츠 영역 귀퉁이에 접힌 모서리를 주목하자. 세피아sepia 계열의 색 설계도 이 팀의 이야기에 역사적 의미를 부여한다.

그림 3.27 세피아 색조의 Team Fannypack

사이트에 거칠고 낡은 느낌이 강한 텍스처를 사용한다고 해서 꼭 지나간 옛 시절이 떠올라야 한다는 의미는 아니다. 그림 3.28의 일렉트릭 펄프The Electric Pulp[11] 사이트는 도서관의 후미진 구석에서 나온 것처럼 느껴지지는 않으면서 해진 질감은 잘 살리고 있는 훌륭한 사례다.

10 http://www.teamfannypack.com/
11 http://electricpulp.com/
    (옮긴이) 원서 발간 후 사이트 디자인이 개편됐다.

그림 3.28 Electric Pulp: 현대적인 그런지(grunge) 스타일

일렉트릭 펄프 사이트에 사용된 나뭇결은 그야말로 자연스럽고 수공예로 만든 분위기를 나타낸다. 살짝 회전된 로고, 내비게이션 메뉴의 활성화 표시, 페이지 아래쪽에 있는 나무는 모두 손으로 색칠한 듯하고, "We Build Websites"라는 텍스트는 마치 배경인 나뭇결에 지져 넣은 듯한 느낌이다. 이 모든 것들은 이 디자인 회사의 많은 작업에서 반복적으로 사용되고 있어, 알아보기 쉬운 스타일을 형성하고 있다. 촉감이 풍부하게 느껴지는 텍스처는 그들의 명함이나 다름없다.

이 낡고 예스러운 스타일이 한차례 지나가는 유행이라고 느끼는 사람도 있지만, 나는 현재에도 우리 생활의 일부로 자리 잡은 디자인의 하나라 믿는다. 무릎에 구멍이 났어도 편안한 청바지처럼, 가장자리가 낡은 빛바랜 엽서들처럼, 낡고 해져 시간의 흐름을 보여주는 사물에는 그만큼의 타당성과 명성이 있기 때문이다.

자, 이제는 완전히 다른 얘기를 할 차례다.

깨끗하거나 거친 텍스처

2000년대 후반, 낡은 느낌의 디자인에 대한 반발로 많은 디자이너와 개발자들은 텍스처의 사용을 완전히 배제하기로 한다. 그 당시에는 이것이 합리적인 반응인 듯 보였다. 깨끗하고 전문성 있어 보이는 첫인상을 주고 싶을 때 지나친 텍스처를 사용하는 것은 마치 구멍 난 청바지와 콘서트 티셔츠를 입고 취업 면접에 가는 것과 같다. 하지만 기업적, 사업적인 이미지를 보이려 한다고 해서, 디자인이 지루하고 평면적일 필요는 없다. 그림 3.29의 파운데이션 식스Foundation Six[12] 웹사이트를 참고해보자.

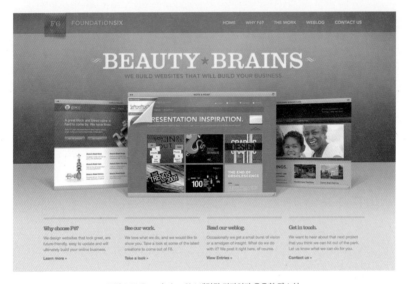

그림 3.29 Foundation Six: 세련된 디자인과 은은한 텍스처

여기 어디에도 지루하고 사무적인 파란색이나 사무실 칸막이에 갇힌 회사원들의 이미지가 없다. 그저 보색 설계와 은은한 텍스처로 채워진 전문적이고 세련된 디자인이 있을 뿐이다. F6라고 쓰여있는 배너의 굴곡, 파란색 배경의 방사형 그레이디언트, 포트폴리오 스크린샷 뒤에 놓인 두 겹의 그림자를 눈여겨보자. 깨끗함과 감촉이 느껴지는 모습의 중심에는 세 개의

---

12 http://cmdspace.com/foundationsix

배경 블록 모두에 적용된 잔잔한 노이즈의 텍스처가 있다. 노이즈noise 또는 그레인grain이라 부르는 텍스처는 기본적으로 아주 작은 점들로 이루어진 패턴이다. 우리 주변에 있는 모든 사물의 표면에는 어떤 식으로든 미묘한 텍스처가 있다. 반투명한 노이즈를 조금 더하면 밋밋한 색과 픽셀 단위까지 완벽한 그레이디언트의 확장을 깨고, 디지털 표면에 아날로그의 느낌을 줄 수 있다.

웹에 은은한 노이즈 텍스처를 더하는 것은 꽤 새로운 트렌드다. 그러나 워낙 기초적인 소재인 덕분에 앞으로 수년간 디자인에 사용될 것 같다. 기본 레이아웃이 아닌 영역에 텍스처를 더하는 사이트로는 그림 3.30의 뱅어스 레스토랑Banger's Restaurant[13] 사이트가 있다.

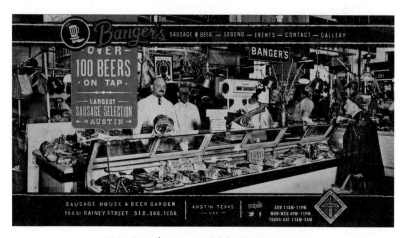

그림 3.30 Banger's Restaurant 웹사이트에 편재해 있는 텍스처

앞서 기하학적 도형이 웹에서는 표준이라는 점을 설명했다. 그러나 이들은 매우 기계적인 느낌을 풍긴다. 오래되고 낡은 듯한 느낌의 텍스처가 없었다면 이 사이트는 향수를 일으키는 개성을 잃었을 것이다. 기본 도형들은 텍스처와 모래알 느낌의 촉감으로 훨씬 돋보이게 되었다.

---

13 http://bangersaustin.com/

수공예 스크랩북 스타일

예스러운 디자인에 대한 또 하나의 흥미로운 반응, 아니면 변형의 형태로 뜨고 있는 스타일은 웹사이트라기보다는 개인 일기장이나 스크랩북의 낱장과 같은 느낌을 주는 손으로 만든 듯한 모습의 디자인이다. 이에 해당하는 멋진 예로는 그림 3.31의 니들Needle 사이트가 있다.

그림 3.31 Needle 사이트의 의도적 불완전성

이 사이트도 분명 '위키드 원 스타일'에 해당하기는 하지만, 거기에 손으로 만든 듯한 느낌을 더하는 결정적인 요소가 있다. 페이지에 있는 사각형 요소 대부분이 회전되어 있거나 대각선으로 잘려져 있음을 주목하라. 이러한 의도적인 불완전성은 이 블록들을 가위로 직접 자른 것 같다는 생각이 들게 한다. 주 콘텐츠 영역의 사진도 마찬가지다. 모든 사진은 조심스럽게 잘라낸 것 같고, 흰색 테두리가 둘러쳐져 즉석 사진으로 뚝딱 만든 콜라주 같은 느낌을 만들어내고 있다. 패션을 재미있고 편안하게 전하는 것이 목표인 사이트로는 아주 훌륭한 디자인이다.

손으로 만든 스크랩북 스타일의 근사한 사례로 마리 캐트립Marie Catrib[14] 레스토랑의 사이트도 있다(그림 3.32). 수공예의 미를 만드느라 마리 캐트

---

14 http://www.mariecatribs.com/

그림 3.32 재미있으면서도 세련된 Marie Catrib's 사이트

립 레스토랑은 아무렇게나 한 가위질에 의존하기보다 찢긴 종이 텍스처, 큰 이미지, 손으로 쓴 텍스트를 장식적 요소로 사용했다. 그 결과, 자유분방하면서 재미있는 모습으로 고급 레스토랑의 개성 있는 미감이 강조되는 디자인이 나오게 되었다.

기발한 만화 스타일

마리 캐트립 사이트는 장난기 어린 창의성과 세련된 요소들이 조화를 이루고 있다. 그러나 세련미보다 장난기 어린 분위기를 더 원한다면? 단순화된 삽화와 강렬한 색상을 사용하고 콘텐츠보다 이미지에 초점을 주면 디자인에 동심의 느낌을 더할 수 있다. 나는 이런 유형을 '기발한 만화 스타일'이라 부르고 싶다.

어린아이들까지 목표 고객으로 삼고 디자인한다면 기발한 만화 스타일은 좋은 선택이다. 이 스타일의 예시로는 그림 3.33에서 볼 수 있는 디즈니

그림 3.33 Disney's Club Penguin의 유쾌한 독창성

클럽 펭귄Disney's Club Penguin[15] 사이트가 있다. 이 페이지에 있는 상호작용 요소들과 애니메이션뿐 아니라, 색칠공부 그림책에 나올 듯한 그림과 강렬한 색상이 아이들의 시선을 사로잡을 것이다. 디자인 전반에 둥근 모서리가 반복적으로 사용되었고, 그 때문에 상단 내비게이션 영역이 나머지 부분과 하나로 연결된다.

또 하나 주목할 만한 사례는 그림 3.34의 팝캡 게임Pop Cap Games 사이트다. 팝캡은 비주얼드Bejeweled, 플랜트 vs 좀비Plants vs. Zombies와 같은 게임을 만드는 회사다. 게임에 출현하는 캐릭터들로 홈페이지를 가득 채워서 이 사실을 강조하고 있음을 볼 수 있다. 이렇게 시선을 끄는 그래픽으로 디자인을 채울 때 보통은 콘텐츠에 대한 집중이 크게 방해된다. 하지만 게임을 파는 회사 사이트에서는 재미있으면서도 산만한 요소를 많이 두는 것이 최고다. 이 특별한 페이지에서 서로 노려보고 있는 플랜트와 좀비가 우리의 초점을 구석구석으로 이동하게 한다. 그리고 게임을 시작하기 전에 일부 콘텐츠를 읽어보도록 유도한다.

15 http://www.clubpenguin.com/

그림 3.34 Pop Cap Games

최소한의 텍스처

하나의 장을 통째로 할애하여 텍스처에 대해 설명하고 여러분의 디자인에
적용하도록 설득한 지금, 텍스처가 때로는 불필요하다는 사실을 알려줄 의
무가 내게 있는 듯하다. 특별한 효과를 나타내기 위해 디자인에서 색상을
제거할 수도 있는 것처럼 텍스처를 버리는 것도 사이트의 특성과 개성을
발휘하게 하는 가장 좋은 방법이 될 수 있다.

그림 3.35의 브라이언 네이선 하트웰Brian Nathan Hartwell의 포트폴리오[16]
사이트를 살펴보자. 그레이디언트도, 둥근 모서리도, 은은한 노이즈 텍스
처도 없다. 심지어 박스도 하나 없다.

어떤 사람은 그의 사이트가 재미없다고 느낄지 모르지만, 나는 브라이
언이 쓸데없이 집중을 방해하는 요소를 제거한 것으로 생각한다. 콘텐츠
를 전달하겠다는 단 하나의 목적에만 충실한, 최소주의의 단색 설계 레이
아웃이다. 이 사이트의 콘텐츠가 그의 훌륭한 작품들인 만큼 작품이 직접
얘기하게끔 하는 것이 자연스럽다. 텍스처와 이미지를 제거한 그의 디자
인이 이것을 확실히 보장한다.

16 http://briannathanhartwell.com/

그림 3.35 브라이언 네이션 하트웰(Brian Nathan Hartwell)의 포트폴리오

디자인에서 텍스처의 사용을 피한다고 해서 브라이언 네이션 하트웰의 사이트처럼 완전히 벗겨내야 하는 것은 아니다. 텍스처를 거의 사용하지 않는 최소주의minimal 디자인의 사례라 하더라도 텍스트 이외에 볼 것이 많은 사이트는 아주 많다. 그림 3.36의 티셔츠 사이트인 셔츠 인 벌크Shirts in Bulk[17]는 텍스처를 최소한으로 사용한 디자인 사례다.

이 사이트의 초점은 새로운 방문자들을 환영하고 있는 엄청나게 큰 헤더다. 잡지 표지처럼 로고, 내비게이션, 콘텐츠에 대한 설명이 주 이미지 위에 겹쳐져 있다. 인쇄 디자인과 비슷한 모습은 헤더 아래쪽에서도 계속된다. 하단의 콘텐츠는 짜임새 있게 그리드로 나뉜 단으로 이루어져 있다. 인쇄된 카탈로그 같지만 웹에서 보인다는 것이 다른 점이다.

17 http://www.shirtsinbulk.com/

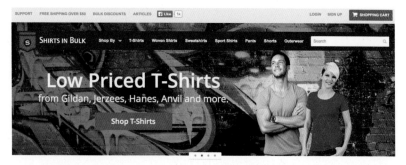

그림 3.36 Shirts in Bulk의 최소주의

자신만의 텍스처 만들기

위에서 소개한 웹사이트에서 볼 수 있듯이 텍스처는 디자인에 대한 사람들의 인지에 큰 영향을 끼칠 수 있다. 현재의 웹 디자인 트렌드에서 상위 위치를 지키려면 효과적인 현대적 디자인을 만드는 것이 필수적이다. 하지만 인터넷의 역사 밖에서 일어난 과거 방식들을 알면, 자신만의 스타일과 독창적 디자인을 정립하는 데 도움이 될 것이다.

가장 쓸모 있는 웹 디자인의 재료는 동네 서점이나 도서관의 미술사 서가에서 찾아볼 수 있다. 전성기 르네상스 시대의 건축 패턴을 익히고, 모더니즘 운동에 대해 공부하자. 그것이 반 고흐나 세잔과 같은 화가들이 어떻게 회화에서 텍스처의 규칙을 깨도록 영향을 미쳤는지 연구하고, 모더니즘이 오늘날의 디자인 트렌드에 끼친 영향을 배우자. 이 모든 것은 방송 퀴즈 프로그램에 나오는 질문에 답하는 것 이상으로 도움이 될 것이다. 그래픽 디자인 역사에 대한 지식은 여러분의 시각적 역량을 키워 자신만의 스타일을 개발할 창의력을 키워주고, 또 어떤 고객의 입맛에도 맞출 수 있는 예술적 다양성을 갖추도록 해줄 것이다.

여러분의 고객이 이루려는 이미지와 그들이 설정한 커뮤니케이션 목표가 여러분이 만들 텍스처의 유형과 양을 결정하는 궁극적인 요인이다. 고객이라는 말이 나왔으니 말인데, 이제 KRG의 재디자인이 잘 진행되고 있는지 되돌아보고 검사해야 할 시간이다.

적용하기: 로고와 콘텐츠

2장 마지막 부분에서 KRG의 디자인 개편 프로젝트는 많은 진척을 보이고 있었다. 인정받은 와이어프레임이 있고, 무드 보드를 통해서 캐리가 디자인에서 원하는 색상이 무엇인지도 알았다. 하지만 실제로 사이트 디자인을 시작하기 전에 KRG 브랜드에 대해서 더 완전히 파악해야 했다. 손으로 그린 로고 스케치는 간단한 선으로 표현되었다. 기존 로고의 벡터 파일이 없어서 나는 벡터 그래픽 소프트웨어로 로고를 다시 만들어야 했다. 그림 3.37의 로고는 손으로 그린 듯 보이지만 그 형태는 깔끔하고 분명하다. 배경은 단색이고 로고를 그리는 선에는 색이 없다. KRG 브랜드는 독창적이면서도 동시에 전문적이다.

그림 3.37 KRG 로고

로고를 깔끔하게 정리하고 다듬었으니 이제는 KRG 웹사이트에 관심을 돌릴 때다. 웹사이트 목표는 청결함과 위생적인 느낌을 만드는 것이었다. 이러한 메시지를 강화하기 위해서 나는 사이트 디자인에 텍스처를 최소화하는 방안을 선택했다. 그림 3.38에서 확인할 수 있다. 앞서 소개했던 네이선 하트웰의 웹사이트와 비슷하게, KRG 디자인 개편에서는 은은한 텍스처도 전혀 사용하지 않았다.

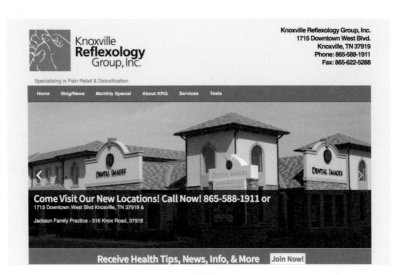

그림 3.38 사이트 디자인

이 사이트에 텍스처가 있다면 그것은 콘텐츠 그 자체일 것이다. 변화를 주기 위해서 배경색과 고유의 청색/녹색이 번갈아 가면서 사용되었다. 강조는 이미지와 콘텐츠에 두었다. 일부 글씨체는 강조하고 가독성을 높이기 위해 텍스트에 그림자를 살짝 더했다.

자, 이제 디자인 모험의 다음 단계인 타이포그래피의 세계로 떠날 차례다!

타이포그래피

인정하자. 모든 웹 디자인의 핵심 목적은 의사 전달이다. 그것이 온라인 상점이든, 「포춘Fortune」에서 선정한 500대 기업을 보여주는 웹이든, 소셜 네트워크 사이트에 사용할 프로필이든, 타이포그래피는 전하고자 하는 메시지에서 없어서는 안 될 요소다. 많은 사람이 타이포그래피를 그저 친숙한 글꼴들을 배열해서 단어, 문장 또는 문단을 만드는 것이라고 여긴다. 그런데 아이러니하게도, 단 몇 번의 마우스 클릭과 키보드 타자로 활자를 생성할 수 있는 기술은 오히려 이 매체가 갖는 창의적이고 예술적인 가능성을 잊게 한다.

웹에서 타이포그래피를 효과적으로 다루려 할 때 만나게 되는 장애물은 수없이 많다. 그 부분에 대해서는 이후에 설명할 테지만, 사실 활자의 힘은 그 어려움들을 뛰어넘을 동기가 되기에 충분하다. 확신이 서지 않는가? 그렇다면 잡지를 보고 텔레비전을 켜보고 상점에도 들어가 보자. 틀림없이 창의적이고 효과적으로 활자를 사용한 사례를 수백 번은 목격할 것이다. 활자는 브랜드의 핵심이고 소리 없는 커뮤니케이션의 열쇠이자 웹 디자인이라는 파이의 필수 조각이다.

○ 이 주제는 중독성이 있다!

타이포그래피를 어느 정도 공부하고 나면 게시판이나 안내 책자, 책 등을 다시는 지금과 같은 방식으로 보지 않게 될 것이다. 놀이공원에서 아이들보다 기구 팻말을 사진찍기 시작할지도 모른다. 식당에서 먹을 요리를 고르는 것보다 레스토랑 메뉴가 칸토리아Cantoria 서체로 되어 있는지, 메이어 투Meyer Two로 쓰여 있는지 곰곰이 생각하는 게 더 재미있어질지도 모른다. 많은 사람이 타이포그래피 공부에 한번 빠져들면 결코 빠져나오지 못한다! 분명히 경고했다.

활자의 잠재력을 끌어내기 위해서는 먼저 활자를 이해해야 한다. 이는 결코 쉬운 일이 아니다. 정밀한 글자 형태와 그를 둘러싼 공간은 지난 수 세기 동안 거듭된 연구와 실습을 바탕으로 신중히 계산된 것이다. 초기 인쇄 시대에는 모든 서체와 그에 해당하는 각 낱자를 모두 나무에 새기거나 납으로 주조한 후 잉크를 바르고 종이에 대고 눌러야 했다. 이는 전문적인 기술로, 아주 세밀한 부분까지 꼼꼼한 주의가 요구되었다. 물리적인 기술 측면에서는 현대의 인쇄 방법이 오래전부터 이런 한계를 뛰어넘었으나, 많은 대학과 전문학교에서는 아직도 활판 인쇄에 대해서 가르친다. 미래의 그래픽 디자이너들이 컴퓨터에서 활자를 다루는 혜택을 고맙게 여기고 타이포그래피 탐구의 저력을 발견하도록 하기 위해서다.

나는 타이포그래피를 두 가지 측면에서 사랑한다. 활자가 갖는 예술적 특성 때문에 나는 디자이너로서 활자로 작업하는 것을 좋아한다. 각 폰트가 내는 독특한 목소리를 좋아하고, 그림 4.1과 같은 타이포그래피 콜라주가 갖는 표현력도 좋아한다. 타이포그래피typography의 어원도 '인상 또는 표시'를 뜻하는 typos와 '쓰기'를 뜻하는 grapheia의 합성어다. 결국, 타이포그래피는 문자 그대로 '글자 쓰기로 인상을 만드는 것'을 의미한다. 프로그래머로서 나는 활자 작업에 따라오는 퍼즐 같은 수수께끼 풀기도 좋아한다. 폰트와 색을 고르는 일은 활자라는 빙산의 일각일 뿐이다. 사실, 활자 작업에서 우리가 내려야 하는 결정의 대부분은 활자 자체에 대한 것보다는 글자 형태를 둘러싸고 있는 공간과 텍스트 블록에 대한 것일 때가 많다. 그럼에도 적절한 서체를 고르는 단계가 아주 결정적이긴 하다.

활자의 역사와 완성은 책 백 권을 써도 모자랄 만한 주제이며, 실제로 수많은 책이 나와 있다. 이번 장에서는 그저 타이포그래피 세계에 대해 간

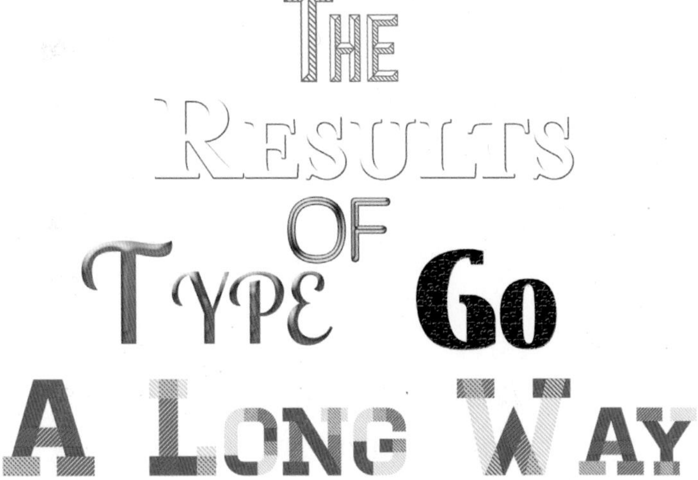

THE RESULTS OF TYPE GO A LONG WAY

그림 4.1 타이포그래피로 만든 콜라주

단하게만 소개하려 한다. 우선 웹에서 활자를 사용할 때 발생하는 문제와 그 해결책을 얘기할 것이다. 그 다음에는 기본 서체 관련 용어와 사용 지침을 알아보고 다양한 폰트의 특성에 대해서도 살펴본다. 가독성에 관련된 논란부터 온라인에서 역동적인 제목을 사용하는 것에 대한 의문에 이르기까지, 이 장이 여러분에게 실용적인 도움이 되기를 바란다. 이 내용이 마음에 들고 더 깊이 파고들고 싶다면, 여기 몇 가지 참고할 만한 웹사이트를 추천한다.

- 웹에 적용된 타이포그래피 스타일의 요소(The Elements of Typographic Style Applied to the Web), http://webtypography.net
- 타이포파일(Typophile), http://typophile.com/
- 아이러브타이포그래피(I Love Typography), http://ilovetypography.com
- 타이포그래피카(Typographica), http://typographica.org
- 폰트 피드(The Font Feed), http://fontfeed.com/

웹에서 활자 표시하기

웹으로 와서 브라우저에 표시될 텍스트에 사용할 폰트를 고를 때, 여러분의 컴퓨터에 설치된 폰트가 5개든 5,000개든 그건 중요하지 않다. 여러분은 최소한의 공통분모를 생각해야 한다. Mac과 PC 모두에서 기본으로 지원되는 폰트 패밀리font family는 매우 적다. 그림 4.2에 나온 9개의 폰트 패밀리는 웹 안전 폰트web safe fonts로 널리 알려진 것들이다.

Arial

Arial Black

Comic Sans MS

Courier New

Georgia

Impact

Times New Roman

Trebuchet MS

Verdana

그림 4.2 Windows와 Mac OS X 모두에 기본으로 설치되어 있는 9종류의 '웹 안전' 폰트

안전 폰트의 단점은 각 폰트 유형 내에서 선택할 수 있는 폭이 제한된다는 점이다. 일반 산세리프sans-serif 폰트가 필요하다면, 애리얼Arial, 트레뷰셋 MSTrebuchet MS, 버다나Verdana 중에서 하나를 골라야 한다. 많은 폰트에 노출되어보지 않은 사람은 그 정도면 적당히 다양성이 있다고 생각하겠지만, 헬베티카 노이어Helvetica Neue, 푸투라Futura, 우니베르Univers 등 다른 산세리프 폰트가 주는 느낌을 아는 이들에게 안전 폰트 중 하나를 고르는 일은 마치 드라이버로 벽에 못을 박는 것과도 같을 것이다.

우리는 다행히 CSS의 `font-family` 속성을 이용해서 여러 폰트를 좋아하는 순서대로 고를 수 있다. 이것을 '폰트 스택font stack'이라 부른다. 첫 번째 폰트를 사용할 수 없으면 두 번째 폰트가 적용되고, 두 번째 폰트가 없다면 세 번째 폰트가 사용되는 방식으로 이어진다. 제목에 세리프serif 폰트를 사용하고 싶다고 가정하자. 가장 적합한 폰트가 칼리스토 MTCalisto MT라고 생각했다면, 그것을 첫 번째로 지정한다. 그 폰트가 설치된 사용자들은 화면에서 칼리스토 MT를 볼 수 있다. 두 번째 선택이자 첫 번째 대안으로는 조지아Georgia를 고른다. 컴퓨터에 칼리스토 MT가 설치되어 있지 않은 사용자에게는 조지아 폰트로 보일 것이다. 조지아가 안전 폰트에 속하기는 하지만 컴퓨터에 설치되지 않은 사람도 있을 수 있다. 타임스 뉴 로만Times New Roman이 그다음 가장 가까운 폰트이므로 다음 대안으로 추가하기로 한다. 선호하는 폰트 목록을 완성하기 위해서, 또 이 중 어떤 폰트도 설치되지 않은 사용자를 위해서 W3C가 지정한 '포괄적인 폰트 패밀리generic font family'를 추가한다. 포괄적인 폰트 패밀리에는 serif, sans-serif, cursive(필기체 또는 손글씨에 가까운), fantasy(또는 노블티novelty), monospace가 있다. 지금까지 여러분이 선택한 폰트는 세리프 패밀리에서 온 것이므로, 그것이 바로 명기해야 하는 포괄적인 패밀리다. 요약하자면, 이 폰트 스택은 다음과 같이 보일 것이다.

```
font-family: 'Calisto MT', Georgia, 'Times New Roman', serif;
```

🔘 띄어쓰기가 있는 폰트

중간에 띄어쓰기가 들어간 폰트 패밀리 이름은 작은따옴표(') 또는 큰따옴표(")로 묶어서 써야 한다.

효과적인 폰트 스택을 만드는 열쇠는 어떤 폰트가 서로 비슷한지를 아는 것, 더 중요하게는 각 OS에 기본 설치된 폰트가 무엇인지 아는 것이다. 첫 열쇠를 더 잘 이해하기 위해 먼저 네이선 포드Nathan Ford가 2008년에 쓴 「보다 나은 폰트 스택 만들기Building Better Font Stacks[1]라는 글을 읽어보기를 권한다. 여러 OS에서 특정 폰트가 설치되어 있는지를 확인할 수 있는 곳으로는 코드 스타일Code Style의 폰트 스택 빌더Font Stack Builder[2]가 있다.

@font-face를 사용한 웹 폰트

『유려한 웹 타이포그래피Fluid Web Typography』[3]의 저자, 제이슨 크랜포드 티그Jason Cranford Teague는 한 발표에서 다음과 같은 질문을 던졌다. "다음 세 가지의 공통점은 무엇일까요? 하늘을 나는 자동차, 목성 여행, 내려받을 수 있는 웹 폰트." 정답은 이 세 가지가 2010년에는 이루어져야 하는 목표들이었다는 것이다. 제이슨이 말하고자 한 것은 방문자의 컴퓨터에 설치되지 않은 폰트를 사용해도 웹사이트에서 텍스트를 보여줄 수 있는 기능이다. 이 기능을 실현하는 방법은 1998년부터 CSS가 제공하기 시작했다. 이것을 @font-face라 부른다. 그리고 다음과 같이 사용한다.

```
@font-face {
  font-family: "League Gothic";
  src: url("/type/league_gothic.otf") format("opentype");
}
h1 {
  font-family:"League Gothic", Arial, sans-serif;
}
```

CSS에 익숙한 사람이라면 @font-face라는 구문 자체가 그 기능을 잘 설명하고 있음을 알 것이다. 여기서 우리는 간단하게 URL을 지정해주고 있다. 바로 리그 고딕League Gothic이라는 폰트 패밀리를 찾을 수 있는 URL이다. 그다음에는 다른 일반 폰트들과 마찬가지로 폰트 스택 안에 포함한다. 그런데도 우리는 왜 지금까지 이 기능을 사용하지 않았을까? 가장 큰 두 가지 걸림돌은 폰트 제작사의 반발과 지원되는 폰트 형식의 비일관성이다.

---

1   http://artequalswork.com/posts/better-css-font-stacks/
2   (옮긴이) Font Stack Builder 사이트는 현재 운영되지 않고 있다. 비슷한 사이트로 http://www.cssfontstack.com/이 있다.
3   New Riders, 2009

폰트 제작사들의 저항은 이해할 만하다. 그들의 수입이 폰트 사용료에서 들어오기 때문에, 사람들이 폰트를 내려받고 복사하고 무료로 사용하는 것을 저지하고 싶은 것이다. 그들이 제작한 폰트를 보호하는 라이선스들은 보통 웹에서의 폰트 사용을 허용하지 않는다. 그래서 항상 라이선스를 확인하고 사전에 사용 지침을 인지하도록 유의해야 한다. 파일 형식에 대한 부분은 이보다 더 엉망이다. 어떤 브라우저는 TTF_{True Type Font}와 OTF_{Open Type Font} 형식을 지원하고, 아이폰과 아이패드의 iOS 기기에는 SVG_{Scalable Vector Graphics}가 필요하다. 인터넷 익스플로러는 마이크로소프트 소유인 EOT_{Embedded Open Type} 형식만 사용한다. 설상가상으로 대부분 브라우저의 최신 버전들이 지원하는 오픈 소스 형식인 WOFF_{Web Open Font Format}까지 새롭게 더해졌다. 그래도 지난 몇 년간 폰트를 심을 때 나타나던 기술적 문제들은 많이 극복되었다. 이는 무료 폰트의 상업적 사용을 폭발적으로 증가시키는 결과를 낳았다. 결국, 제작사들은 폰트 사용권에 대한 자신들의 입장을 재고하게 되었다.

그렇지만 불행하게도 하늘을 나는 자동차와 목성 여행은 더 오래 기다려야 할 것 같다.

자체 호스트형 웹 폰트

요구되는 형식이 각기 다른 탓에, 위에서 소개한 @font-face 코드에서 본 것처럼 사이트 폴더에 TTF 파일을 던져 놓고 간단하게 링크만 걸 수는 없는 노릇이다. 게다가, 그렇게 하면 폰트 제작사와의 최종 사용자 라이선스 계약_{End User Licensing Agreement, EULA}을 위반하게 된다. 개인이 가진 폰트를 호스팅하고 싶다면 우선 웹에 삽입하는 것을 허용하는 라이선스를 받아야 하고, 몇 종류의 폰트 형식과 그 모든 형식을 삽입해줄 수 있는 최신 코드가 필요하다. 이때가 바로 그림 4.3의 폰트 스퀴럴_{Font Squirrel}[4]이 유용하게 사용될 시점이다. 이 사이트에서 우리는 500여개의 훌륭한 무료 폰트와 폰

---

4 http://www.fontsquirrel.com/

트를 사이트에 삽입할 때 필요한 요소들을 세트로 받을 수 있다. 또 여러분이 소유한 폰트 파일을 필요한 웹 폰트 형식으로 변환해 주는 기능도 찾을 수 있다. 폰트 스퀴럴에서 원하는 무료 폰트를 찾을 수 없다면 자매 사이트인 폰트스프링Fontspring[5]을 방문하면 된다. 여기서는 실제 제작사들에서 @font-face 사용을 허용하는 상업용 폰트를 구매할 수 있고, 대부분 소액의 추가 요금만 내면 도메인 라이선스를 무제한으로도 받을 수 있다.

그림 4.3 Font Squirrel에서 구할 수 있는 어마어마한 양의 무료 폰트

웹 폰트 서비스

각종 폰트 파일과 계속 바뀌는 폰트 삽입 코드에 신경 쓰고 싶지 않다면, 폰트를 대신 호스팅해주고 달라지는 삽입 코드를 놓치지 않고 지원해주는 서비스들이 있다. 이들 서비스에서 여러분은 손쉽게 폰트를 고르고 사이트에 적용할 코드를 받기만 하면, 짠! 당신의 활자가 원하는 폰트로 나타난다.

Typekit (http://typekit.com)

이 서비스는 원조 격이자 가장 인기 있는 호스트형 폰트 솔루션으로, 제프

---

5   http://www.fontspring.com/

리 빈Jeffrey Veen과 제이슨 산타마리아Jason Santa Maria 등 이 산업의 선구자들이 개발했다. 타이프키트Typekit는 자료의 양이 방대하고 합류하고 있는 서체 제작사도 많아 폰트계의 아이튠스iTunes에 비유되고 있다. 이 서비스는 한 개의 사이트에 대해서는 무료 시범 자료를 제공한다. 또는 개월당 페이지 뷰를 기준으로 회비가 책정되는 연회원으로도 가입할 수 있다.

Fontdeck (http://fontdeck.com)

타이프키트와 같이 폰트덱Fontdeck은 이 산업의 선도자들이 개발한 서비스로, 회원으로 가입해야 사용할 수 있다. 클리어레프트Clearleft와 옴니TIOmniTI가 개발한 이 서비스가 타이프키트와 다른 점은 폰트 세트 전체가 아닌 사용할 폰트에 대한 가격만 지불하면 된다.

WebINK (http://www.webink.com/)

가장 인기 있는 폰트 관리 애플리케이션 중 하나인 이 사이트는 익스텐시스Extensis가 개발했다. 웹잉크WebINK는 호스트형 웹 폰트 시장의 진입 지점과도 같다. 엄청난 수의 폰트 제작사들이 뒤를 받쳐주고 있는데, 회원 가입 기간이 1년이 아닌 1개월 단위다.

Google Fonts (https://www.google.com/fonts)

구글은 최근 타이프키트의 도움을 받아 자신들의 호스트형 폰트 솔루션을 출시했다. 현재 보유하고 있는 자료의 양은 폰트덱 또는 타이프키트보다는 적지만, CCL 저작권Creative Commons License의 보호를 받는 폰트만 제공하기 때문에 완전히 무료다.

지금도 수많은 웹 폰트 서비스들이 있지만, 매주 출시되는 서비스가 더 많아지고 있다. 몇몇 폰트 제작사들도 이런 흐름에 편승하여 자신들이 제작한 폰트에 대한 호스트형 버전을 제공하고 있다. @font-face에 대한 지원은 시작 단계에 있기 때문에 어떤 서비스가 빛을 받을지, 또는 흐지부지 사라질지는 아직 알 수 없다. 어쨌든 다운로드 가능한 웹 폰트는 이제 우리 생활에 완전히 자리 잡았다. @font-face와 웹 폰트에 대한 최신 정보를 찾을 수 있는 사이트로는 webfonts.info[6]라는 위키wiki 서비스가 있다.

텍스트 이미지로 대체하기

지금의 웹 타이포그래피는 예전처럼 제한되어 있지 않다. 과거에는 아름다우면서도 자유롭게 조절할 수 있는 활자를 웹사이트에서 보여주려면, 어쩔 수 없이 '이미지로 대체'해야 했다. 달리 말하면 페이지에 쓸 텍스트를 포토샵이나 유사 소프트웨어에서 이미지로 만들어 사용해야 했다는 뜻이다. 현재는 CSS3로 아치 모양으로 휘어진 텍스트 등 놀라운 활자 효과들을 만들 수 있다. 그러나 오래된 브라우저에서도 이런 텍스트가 무난하게 보이기를 바란다면, CSS3 기능이 지원되지 않을 경우를 대비해 자바스크립트JavaScript를 사용해야 한다. 모더나이저Modernizr[7]와 같은 툴을 사용하면 특정 브라우저에 어떤 기능이 지원되는지를 확인할 수 있다.

웹에서 텍스트 이미지를 사용하는 것은 아직도 어떤 상황에서는 유효하다. 간혹 사람들이 자바스크립트를 꺼놓기도 하고 브라우저가 특정 CSS3 기능을 지원하지 않을 수도 있다. 호환성 문제 때문에 여러분이 의도한 텍스트가 사용자에게 보이지 않는 상황이 걱정된다면 텍스트 이미지로 대체하는 방법을 고려해볼 만하다. 이것이 HTML에 곧장 텍스트와 <img>를 같이 넣으면 된다는 의미는 아니다. 텍스트를 나타내기 위해 이미지 텍스트를 사용하는 것은 접근성도 떨어지며 검색 엔진에도 친화적이지 않다. 이미지를 볼 수 없는 방문자는 아무것도 알 수 없게 되기 때문이다. 검색 엔진의 스파이더spider들도 마찬가지다.

그래서 여러분의 텍스트를 실제 텍스트로 마크업 해야 한다. 그림 4.4의 바스토우Barstow 웹사이트[8]를 예로 들어보자. 이 사이트에서는 원 모양

---

6 http://webfonts.info/
7 http://modernizr.com/
8 http://www.ridebarstow.com/

의 빈티지 스타일 텍스트를 볼 수 있다. 보기에도 좋고, 그리드를 기준으로 반듯하게 정렬된 다른 웹의 타이포그래피에 비해 눈에 띄기도 한다. 이 로고와 텍스트에 접근성을 주기 위해서, 나라면 HTML 〈a〉 요소로 감싸고 logo-active 클래스를 더할 것이다.

그런 다음에 그것을 이미지로 대체하기 위해서, 나는 CSS를 이용해 이미지 크기에 맞춰서 링크의 너비와 높이를 설정할 것이다. 그리고 링크의 기본값은 행으로 설정되어 있기 때문에 display 속성을 block로 설정한다. 그 후에 나는 소위 '파크 방식Phark method'이라 알려진 이미지 대체 방법을 사용할 것이다. 이때 이미지는 요소의 배경으로 지정하고, text-indent 값을 음수 값으로 충분히 크게 설정해서 텍스트 콘텐츠가 블록 밖으로, 아니 아예 화면 밖으로 나가게 한다. 이렇게 완성된 CSS의 모습은 다음과 같다.

```
.logo-active {
  display:block;
  width:300px;
  height:150px;
  background:url(/images/clowns.png);
  text-indent:-9999px;
}
```

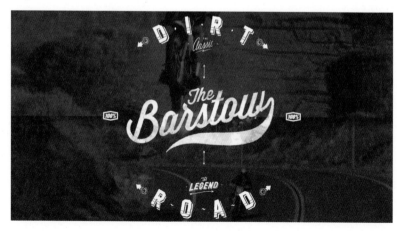

그림 4.4 Barstow 웹사이트

HTML 문서에 있는 링크를 클릭하거나 탭하면 :focus 상태를 활성화시키게 된다. 파이어폭스Firefox 브라우저는 outline 속성을 사용해 활성화된 링크 주위에 점선 테두리를 보여준다. 이는 키보드로 이동하는 사용자들이 현재의 링크를 확인할 수 있게 하기 위해서다. 그런데 그 선은 마이너스 값으로 들여쓰기한 텍스트에도 나타나기 때문에 사용자들은 페이지 끝까지 뻗어있는 점선을 보게 된다. 이 현상을 고치는 방법은 두 가지다. overflow:hidden 구문을 추가해서 점선을 방지하거나, outline:0을 추가해 선을 아예 삭제하는 것. 이 방법을 사용할 때는 키보드로 이동하는 사람들을 위해 반드시 :focus 스타일을 지정해야 한다.

텍스트를 이미지로 보여주는 방법으로, 거의 변하지 않는 고정적인 텍스트에는 적합하지만, 뉴스 기사 제목처럼 주기적으로 바뀌는 텍스트에 특별한 폰트를 사용하고 싶다면 어떤 게 있을까? 반복해서 새로운 텍스트 그래픽을 만들고 업로드하는 일은 이미지 편집용 소프트웨어를 자유자재로 사용하는 디자이너에게조차 아주 지겨운 작업일 것이다. 또, 여러분이 포토샵이나 HTML에 대해서 전혀 모르는 고객을 위해서 블로그를 만든다면 이 옵션은 생각도 하지 말아야 할 것이다.

이미지로 대체하는 또 다른 방법으로는 'SVGScalable Vector Graphics, 확장 가능한 벡터 그래픽'를 사용하는 방법이 있다. SVG는 파일 용량이 작고 크기 변경도 무한히 가능하다. <img> 태그에도 사용할 수 있고 CSS로 크기를 정할 수 있다. SVG의 장점은 크기를 바꿔도 선명도가 떨어지지 않는다는 것, 그리고 보이는 방식을 원하는 대로 조절할 수 있다는 것에 있다.

그림 4.5에 보이는 샘 루비Sam Ruby의 인터트윙글리Intertwingly 사이트[9]에서는 이미지 대신 SVG를 사용해 각 게시물을 보여주고 있다.

SVG에 대해서는 다음의 사이트들에서 더 배울 수 있다.

[9] http://intertwingly.net/

그림 4.5 샘 루비(Sam Ruby)의 Intertwingly

- 러너블(Learnable)[10]
- 어 리스트 어파트(A List Apart)[11]
- CSS 트릭스(CSS Tricks)[12]

원하는 한글 폰트를 나타내 보자

웹에서 안정적으로 폰트를 보여 주기란 어렵다. 완벽하지는 않지만 웹에 폰트를 안전하게 설치하는 방식은 크게 두 가지다.

■ CSS로 폰트 지정하기

앞서 본 방식처럼 CSS에 원하는 폰트를 지정하는 것이 일반적이다. HTML에 폰트 스타일을 적용할 수 있지만, 사용자의 컴퓨터에 해당 폰트가 설치되어 있어야 사용자가 그 폰트를 볼 수 있다.

또 대안 폰트를 설정할 때 CSS로 폰트를 지정하면 인터넷 익스플로러Internet Explorer, 사파리Safari, 파이어폭스FireFox 등 브라우저 환경에 상관없이 표현되는 방식은 모두 같아서 확장성이 높다. 하지만 인터넷 익스플로러의 경우 버전에 따라 대안 폰트를 무시하

---

10 https://learnable.com/books/jump-start-html5#contents
11 http://alistapart.com/article/using-svg-for-flexible-scalable-and-fun-backgrounds-part-i
12 http://css-tricks.com/using-svg/

고 기본 폰트로 표현될 수 있다는 점을 유의해야 한다.

그리고 CSS에서 정한 폰트를 무시하고 사용자가 브라우저에서 강제로 특정 폰트로 대체하면 나타나지 않을 수 있다. 특히 한글에서는 대안 폰트로 표현될 때 처음 지정한 폰트와, 글자 자간이나 폭이 각각 달라서 그리드가 어긋나는 경우가 많다. 모든 상황을 대비해 CSS로 자간과 폰트를 여러 번 테스트하는 것이 중요하다.

한글 윈도우의 기본 폰트는 굴림, 돋움, 바탕, 궁서체다. 산세리프(고딕체라고도 함)의 경우 굴림체가 가장 일반적이며, 최근에는 돋움체를 기본 폰트로 사용하는 사이트도 많아졌다. 한글 세리프체(명조체라고도 함)의 경우 바탕체를 기본 폰트로 한다.

영문과 달리 한글 기본 폰트 수는 총 4종으로 그리 많지 않아서 대다수 한글 사이트는 굴림체와 돋움체를 일반적으로 사용한다. 지정된 폰트가 사용자의 PC에 설치되어 있지 않을 때 윈도우 XP에서는 자동으로 기본 폰트인 굴림체로, 윈도우 비스타에서는 맑은고딕체로 대체하여 표현해 준다.

대안 폰트를 쓰는 방식의 예시다. 만약 윈도우 비스타 전용 폰트인 맑은고딕체를 기본으로 하여 디자이너가 사이트를 디자인했다고 가정하면 가장 먼저 맑은고딕체를 지정하면 되지만, 윈도우 XP 사용자 중에는 맑은고딕체를 설치하지 않은 사용자도 있을 것이다. 그래서 그다음 폰트로 돋움체를 지정하면, 가장 기본인 굴림체가 나오기 전에 돋움체로 출력될 수 있다.

```
body{font-family:"맑은고딕", Malgun Gothic,"돋움", Dotum,"굴림", Gulim;}
```

아래는 네이버 메인의 CSS 예시다.

```
body{font-size:12px;line-height:1.5em;font-family:"나눔고딕",
NanumGothic,"돋움",Dotum,Helvetica,"Apple SD Gothic Neo",Sans-serif;}
```

첫 번째로 나눔고딕체를, 그다음은 돋움과 헬베티카, 마지막으로 맥 OS 사용자를 위해서 애플고딕체를 지정 서체로 설정했다.

이 방식은 웹용 폰트인 서버에 업로드되어 있는 EOT 폰트를, 다운로드 없이 접속한 사용자가 자동으로 볼 수 있는 방식이다. 네이버 블로그나 싸이월드에서 아이템으로 적용하는 각종 폰트도 특별한 다운로드와 설치 없이 사용할 수 있는 EOT 방식이다.

이 방식은 폰트를 용량이 보통 0.3Mb 정도인 매우 작은 폰트 파일로 구현할 수 있고, 모든 사용자에게 원하는 폰트를 보여줄 수 있지만, IE 전용이라는 큰 한계가 있다. 그래서 멀티 플랫폼을 지향하는 사이트에서는 대부분 쉽게 적용하지 못하는 기술이다. 이를 보완하기 위해 WOFFWeb Open Font Form를 활용하면, 파이어폭스, 크롬 등에도 IE의 웹 폰트와 같은 효과를 적용할 수 있다. 따라서 CSS에서 EOT/WOFF 등을 조합하면, 크로스 브라우징을 위한 웹 폰트 사용이 가능하다.

클리어타입 전용 폰트인 나눔고딕이나 나눔명조, 맑은고딕의 경우 클리어타입을 설정한 후에('디스플레이 등록 정보 - 화면 배색 - 효과'의 옵션을 활성화한다.) 봐야만 가장 쾌적한 상태로 폰트를 볼 수 있다. 따라서 일부 사이트에서는 클리어타입을 강제로 지정하는 액티브 X를 설치하게끔 유도하는 경우도 있다.

글자형 분석하기

대학 시절에 들었던 몇몇 디자인 수업에서는 활자의 분석과 용어에 대해서 꽤 깊이 파고들었다. 많은 사람이 이미 세리프serif, 어센더ascender, 디센더descender가 무엇인지 알 것이다. 그런데도 우리는 한 수업에서 자그마치 100개 정도의 용어를 외워야 했다. 여기서는 그렇게까지 다루지 않겠지만, 활자에 대해 더 배우기 전에 기본 용어는 미리 아는 것이 중요하다. 물론 꼬불선, 대각선, 거시기 등의 속어를 써가면서 활자를 설명하고 글자형을 묘사할 수 있지만, 그렇게 하면 오히려 더 혼란스러울 것이다.

그림 4.6은 서체의 각 구성요소를 보여주고 있다. 이제부터 하나하나 살펴보기로 하자.

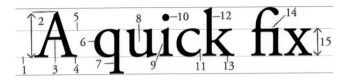

그림 4.6 활자의 용어

1. **기저선**

   '기저선Baseline'은 글자 대부분이 앉아 있는, 눈에 보이지 않는 상상의 수평선이다. 그림 4.6에서 기저선 밑으로 매달리는 글자는 소문자 'q'가 유일하다.

2. **대문자 높이**

   '대문자 높이cap height' 또는 '대문자라인capline'은 또 다른 가상의 선이다. 이 선은 활자체에 있는 모든 대문자의 높이를 표시한다. 대문자 높이가 활자체의 최대 높이보다 밑에 있음을 주목하라.

3. **가로대**

   대문자 'A'와 'H'에서 두 획을 가로질러 연결하는 선을 '가로대crossbar'라고 한다. 소문자 'f'와 't'에 있는 것처럼 두 선을 연결하지 않는 수평 획은 '가로획cross stroke'이라 부른다.

4. **세리프**

   '세리프serif'는 특정 서체의 위아래 끝 부분에 더해지는 마무리 획에 붙이는 이름이다. 세리프는 활자체 구분에 관해서 얘기할 때 더 다룰 것이다.

5. **중간선**

   또 다른 가상의 선으로, 소문자의 꼭대기 부분을 연결하는 선이 '중간선mean line 또는 midline'이다. 이 이름에서 추측되는 바와 달리, 중간선이 언제나 기저선과 대문자 높이의 정확히 중간에 위치하는 것은 아니다.

6. 볼

글자의 '볼bowl'은 글자형에서 비어 있는 공간을 둘러싸는 둥근 곡선을 말한다. 볼의 예시는 글자 'D', 'o', 'g'에서 찾아볼 수 있다.

7. 디센더

소문자(g, j, p, q)에서 서체의 기저선 아래로 떨어지는 부분을 '디센더descender'라고 한다. 기저선 밑으로 확장되는 전형적인 예는 특정 서체에 포함되는 옛 스타일의 숫자에서 볼 수 있다. 그림 4.7에 조지아 서체가 예시로 나와 있는데, 이런 유형의 숫자들은 소문자 로마 숫자와 잘 어울린다고 여겨졌고, 본문 텍스트에 사용했을 때 특히 어울린다.

1567 1567

그림 4.7 (왼쪽) Georgia 폰트에 속하는 옛 스타일의 숫자들, (오른쪽) Helvetica 폰트에 속하는 일반 숫자들

8. 카운터

글자에 있는 빈 공간이 '카운터counter'이다. 글자 'A', 'o', 'P' 등에서 보이는 카운터는 완전히 닫혀 있는 공간이다. 'G', 'u', 'c'와 같은 글자에서 보이는 완전히 닫히지 않은 빈 공간도 카운터라고 부른다.

9. 줄기

'줄기stem'는 서체의 가장 중심이 되는 수직선이나 대각선이다. 글자 I, H의 수직 부분과 글자 W에 있는 모든 획도 포함된다.

10. 점

서체 용어 중에서 내가 가장 좋아하는 용어다. '점tittle'은 소문자 'j'와 'i' 위에 있는 작은 점을 말한다.

11. 터미널

세리프가 없는 줄기나 획의 끝이 '터미널terminal'이다. 그림 4.6의 소문자 'c'처럼 세리프 서체라도 터미널이 있는 경우가 있다.

12. 어센더

어떤 소문자는 중간선보다 더 위로 올라가는 부분인 '어센더ascender'를 가지고 있다. 'b,' 'd,' 'f,' 'h,' 'k,' 'l,' 't'가 바로 그 예다.

13. 다리

대문자 'K,' 'R,' 'Q'에서 아래쪽으로 비스듬히 그은 획을 '다리leg'라고 한다. 간혹 '꼬리tail'라고 부르는 경우도 있다.

14. 합자

그림 4.6에서 'fix'라는 단어에 쓰인 'f'와 'i'가 하나의 글자처럼 합쳐져 있는 것을 볼 수 있다. 이렇게 합쳐지는 글자를 '합자ligature'라고 한다. 합자는 보통 세리프 활자에서 자주 볼 수 있고, 특정 문자 사이의 간격을 조절해 더 아름답게 보이게 하기 위한 것이다. 그림 4.8에서 볼 수 있다.

그림 4.8 Insignia 폰트의 'ae'가 합자되어 있는 예

15. x-높이

'x-높이x-height'는 주어진 활자체에서 소문자 x가 갖는 수직 공간, 즉 소문자 x의 높이를 말한다. 더 정확하게는 기저선과 중간선의 간격으로, 어센더와 디센더를 제외한 소문자 글자형의 크기를 정의한다. x-높이는 활자체를 구별하는 중심 요인이며 x-높이가 높은 활자체들이 보통 가독성이 더 좋은 것으로 여겨진다.

실용적이지는 않지만, x-높이를 CSS (ex)에서 하나의 측정 단위로 사용할 수 있다.

글자 간격

이제 글자형의 각 부분을 설명할 수 있게 되었으니, 다음 단계는 글자 사이의 공간을 정의하고 조정할 차례다. 타이포그래피에 관한 많은 의사결정은 간격에 있다고 앞서도 말했다. 이것은 인쇄 활자에서 항상 그랬지만, 이제 CSS의 출현으로 웹 활자에도 적용할 수 있게 되었다. 인쇄든 웹이든 활자를 어떤 용도로 사용하든지 간격을 조절하는 방법은 두 가지다. 수평 간격과 수직 간격이다.

수평 간격

수평 간격에 관해서 얘기할 때 '커닝kerning'과 '트래킹tracking'에 대해서 자주 듣게 될 것이다. 커닝은 낱글자 사이의 간격을 조정하는 과정이다. 활자로 작업할 때, 어떤 두 글자는 간격이 너무 좁아 보이거나 넓어 보이는 경우가 있다. 대부분의 폰트에는 특정 글자 조합 사이의 간격을 정하는 규칙이 있다. 예를 들어 'Wa'라는 글자 사이의 커닝은 'WV'보다 커닝이 좁게 설정되어 있다. 그래야 하고 또 실제로도 그러하다. 대개 이런 폰트의 규칙은 글을 읽기 쉽게 해준다. 그렇지 않으면 여러분이 원하는 각 글자 조합을 이미지 제작 소프트웨어에서 직접 조절할 수도 있다. 그림 4.9는 커닝이 적용되지 않은 사례, 자동으로 커닝된 사례, 수동으로 직접 커닝을 조절한 사례를 차례로 보여주고 있다.

그림 4.9 AWE: 영감을 주는 커닝의 예

웹 페이지 텍스트에서는 글자마다 커닝을 조절하기가 불가능하다. 할 수
있는 일은 CSS의 letter-spacing 속성을 설정하는 것이다. 이 과정을 인
쇄의 세계에서는 폰트의 '트래킹tracking'을 조절한다고 한다. 커닝과 마찬가
지로 트래킹은 글자형 사이의 수평 간격을 조절하지만, 모든 글자의 간격
에 적용된다. 더 열려 있는, 또는 공기가 통하는 듯한 느낌을 텍스트에 주
고 싶다면 그림 4.10과 같이 글자 간격을 조금 넓힐 수 있다.

Default Letter Spacing *(Tracking)*

Lorem ipsum dolor sit amet, consectetur adipiscing elit. Maecenas metus diam, eleifend
eget sollicitudin ac, rhoncus eu elit. Donec condimentum justo a enim facilisis ac pharetra
elit vestibulum. Nunc blandit nibh nec ligula porta condimentum. Duis eros sapien,
venenatis non eleifend vitae, tincidunt blandit diam. Pellentesque sit amet mi felis, vel
fermentum est. Curabitur pharetra odio in diam varius porta.

.01em Letter Spacing *(Tracking)*

Lorem ipsum dolor sit amet, consectetur adipiscing elit. Maecenas metus
diam, eleifend eget sollicitudin ac, rhoncus eu elit. Donec condimentum
justo a enim facilisis ac pharetra elit vestibulum. Nunc blandit nibh nec
ligula porta condimentum. Duis eros sapien, venenatis non eleifend vitae,
tincidunt blandit diam. Pellentesque sit amet mi felis, vel fermentum est.
Curabitur pharetra odio in diam varius porta.

그림 4.10 글자 간격 조절의 예

CSS에 있는 또 하나의 수평 간격 기능은 word-spacing 속성이 제공한다.
이 속성은 양 또는 음의 길이를 가질 수 있고 'normal' 값도 가질 수 있다.
여러분이 예상하듯, 이 속성은 글자 사이에 있는 흰 여백의 양을 조절한다.

수직 간격

인쇄 디자인의 언어에서는 텍스트 행의 수직 간격을 '행간leading'이라고 한
다. 이 용어는 옛날 인쇄의 초기 시대, 금속활자에서 행을 나누기 위해 밋
밋한 납이 이용되던 시절에서 비롯되었다. 간격을 띄우는 아무런 장치가
없을 때 행은 "빈틈없이solid" 설정되었다고 얘기한다. 수직 간격이 있어야
훨씬 읽기가 쉽다. 그림 4.11에 보이는 첫 문단은 행 사이의 간격이 너무
좁다. 이상적인 본문의 행간은 텍스트 크기의 1.5배가 적당하다. 즉 텍스
트 크기가 12px이면, 행간으로는 18px이 가독성에 좋다. 두 번째 문단에

서는 CSS의 line-height 속성을 1.5em으로 조정한 모습이다. em은 CSS
에서 사용하는 폰트 크기의 측정 단위로, 폰트의 대문자 높이에서 가장 밑
에 있는 디센더까지를 말한다. 원래 em은 대문자 M의 너비와 같다. 단위
의 이름도 거기서 유래한 것이다.

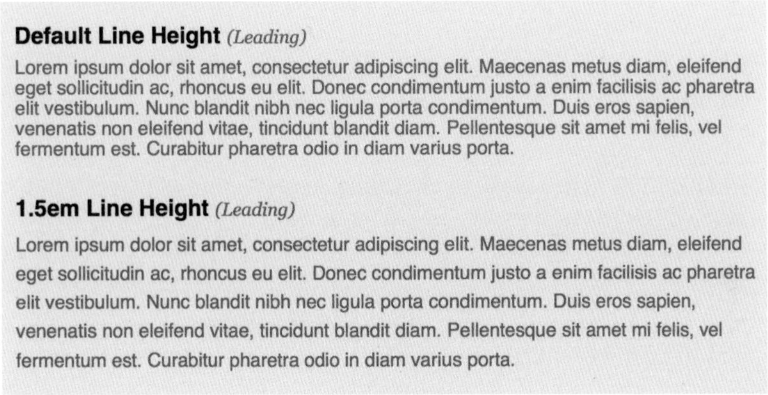

Default Line Height *(Leading)*

Lorem ipsum dolor sit amet, consectetur adipiscing elit. Maecenas metus diam, eleifend eget sollicitudin ac, rhoncus eu elit. Donec condimentum justo a enim facilisis ac pharetra elit vestibulum. Nunc blandit nibh nec ligula porta condimentum. Duis eros sapien, venenatis non eleifend vitae, tincidunt blandit diam. Pellentesque sit amet mi felis, vel fermentum est. Curabitur pharetra odio in diam varius porta.

1.5em Line Height *(Leading)*

Lorem ipsum dolor sit amet, consectetur adipiscing elit. Maecenas metus diam, eleifend

eget sollicitudin ac, rhoncus eu elit. Donec condimentum justo a enim facilisis ac pharetra

elit vestibulum. Nunc blandit nibh nec ligula porta condimentum. Duis eros sapien,

venenatis non eleifend vitae, tincidunt blandit diam. Pellentesque sit amet mi felis, vel

fermentum est. Curabitur pharetra odio in diam varius porta.

그림 4.11 행간의 예

본문 정렬하기

책과 잡지에 있는 글이 페이지나 단의 왼쪽, 오른쪽 모두에 맞춰 정렬된 것
을 본 적이 있는가? 이런 유형의 본문 정렬 형태를 '양끝 맞추기justification'라
고 한다. 텍스트의 양끝을 맞추면 그 사이의 글자와 단어 사이의 간격은 자
동으로 맞춰진다. 텍스트 영역의 왼쪽과 오른쪽 가장자리에 각 행의 단어
나 글자가 맞을 수 있게 말이다. 많은 인쇄 디자이너들이 두 줄 이상 되고
너비가 충분한 텍스트 블록에는 양끝 맞추기를 적용한다. 웹에서도 CSS의
text-alignment 속성을 justify로 설정해서 이 같은 방식을 적용할 수 있
다. 그러나 여러분이 인터넷의 텍스트를 모두 양끝 맞추기 하기 전에 두 가
지를 주의해야 한다.

흐르는 강물처럼

간혹 양끝을 맞추느라고 간격이 넓어진 행에서 그 간격이 다음 행의 간격

과 만나고, 그다음 행 또 다음 행의 간격과 이어져 그림 4.12에서 보는 것처럼 텍스트 안에 거대한 계곡 또는 '강물'이 생기기도 한다. 이것은 읽는 사람 눈에 거슬릴 수 있다. 인쇄 디자이너들은 이 문제를 해결하기 위해서 텍스트를 조정하지만, 웹에서는 이런 현상을 예상하기 어렵거니와 수정하는 것은 불가능하다.

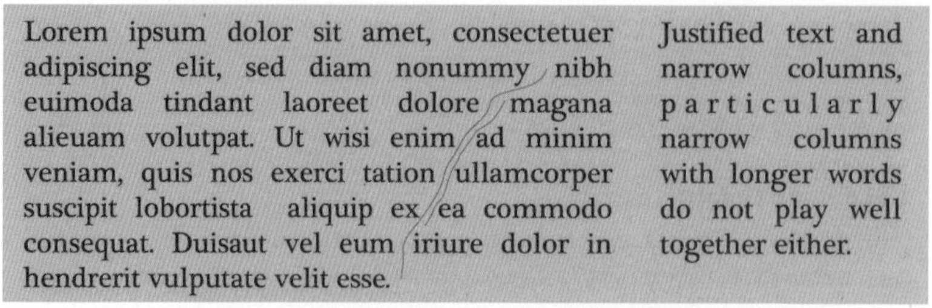

Lorem ipsum dolor sit amet, consectetuer adipiscing elit, sed diam nonummy nibh euimoda tindant laoreet dolore magana alieuam volutpat. Ut wisi enim ad minim veniam, quis nos exerci tation ullamcorper suscipit lobortista aliquip ex ea commodo consequat. Duisaut vel eum iriure dolor in hendrerit vulputate velit esse.

Justified text and narrow columns, particularly narrow columns with longer words do not play well together either.

그림 4.12 양끝 맞추기의 문제: 이 본문에서 3개의 다른 강물을 찾을 수 있는가?

무슨? 말을? 하는? 거지?

앞에서 말한 강물의 문제는 폭이 좁은 문단에서 더 확연하게 드러난다. 왼쪽이나 오른쪽 여백 때문에 가끔 단어가 동떨어지기도 하고, 한 개의 단어가 문단 전체 폭에 맞게 늘어질 수도 있다. 문서 처리 시스템 대부분은 필요한 곳에 붙임표(-, 하이픈)를 넣는 방법으로 이 문제를 해결한다. 브라우저에는 자동으로 붙임표를 넣어주는 기능이 없으므로 웹 디자이너들은 좁은 공간에서 양끝 맞추기를 사용하지 않도록 주의해야 한다.

text-alignment 속성을 justify로 설정하고 싶지 않다면, left, right, center 값도 사용할 수 있다. 본문이 중앙 정렬되어 있든지 페이지나 단의 왼쪽 또는 오른쪽 가장자리에 맞춰 정렬되어 있든지, 글자와 단어 사이의 간격은 일관성 있게 유지된다. 강물 현상은 어떤 텍스트 블록에서든 발생할 수 있지만, 중앙 정렬이거나 한쪽 정렬인 경우에 발생할 가능성이 더 적다.

행간, 트래킹, 정렬 등을 다르게 적용했을 때 HTML 텍스트의 모습이 브라우저에서 어떻게 달라지는지 확인하고 싶다면, 사용할 수 있는 도구는 두 가지다. 마르코 듀곤지크_{Marko Dugonjic}의 타입테스터_{Typetester}[13]와 판두카 세나카_{Panduka Senaka}의 타입차트_{Typechart}[14]가 그것이다. 이 두 웹 애플리케이션은 HTML 텍스트에 다양한 타이포그래피 구성을 시험해볼 수 있게 하고, 해당 효과를 만들어내는 데 필요한 CSS 코드도 알려준다.

그림 4.13 Typetester(왼쪽)와 Typechart(오른쪽)에는 HTML에서의 폰트 설정을 빠르게 시험해볼 수 있게 해준다

서체 구별하기

폰트가 무엇인지는 누구나 다 안다. 특정 스타일이 나타나는 글자들의 모음이다. 여러분이 쓰는 컴퓨터에도 폰트가 어느 정도 미리 설치되어 있다. 텍스트가 달라 보이기를 원할 때 폰트를 바꾼다.

윈도우 PC에는 평균 40종류의 폰트가 기본적으로 깔려 있다. 그에 비해 Mac에서는 평균 100가지의 폰트를 사용할 수 있다. 이 중 많은 폰트가 폰트 패밀리_{font family}로 그룹 지어져 있는데, 패밀리에 속한 폰트들은 중심 폰트를 변형시킨 것들이다. 폰트 패밀리 대부분은 일반적인 중심 폰트와 이탤릭체_{italic}, 볼드체_{bold}, 볼드 이탤릭체_{bold italic} 등의 변형 폰트를 포함하고 있다. 변형이 아예 없는 폰트도 있다. 어떤 폰트는 볼드체와 이탤릭체만 제공하고, 돈 내고 사는 폰트 패밀리 중에서는 변형만 수백 가지인 경우도 있다.

어떤 가족은 구성원이 모두 귀가 크고 어떤 가족은 이상할 만큼 새끼발가

13 http://www.typetester.org/
14 http://www.typechart.com/

락이 긴 것처럼, 모든 폰트는 그만의 독특하고 구별되는 특징을 가지고 있다. 그림 4.14에서 다양한 폰트별 소문자 'g' 사이에 존재하는 차이를 보자.

그림 4.14 14개의 소문자 g

눈에 보이는 이 특징들로 우리는 폰트와 폰트 패밀리를 구별한다. 대다수 폰트 패밀리는 세리프나 산세리프로 분류할 수 있다. 그림 4.14에 제시된 14개의 폰트 중에서 7개는 세리프, 다른 7개는 산세리프에 속한다. 두 그룹을 나눌 수 있겠는가? 이런 구분 말고도 폰트를 그룹 짓고 분류할 방법은 많다. 나는 폰트를 주로 6개의 카테고리로 분류한다. 바로 세리프, 산세리프, 손글씨handwritten, 모노스페이스monospace, 노블티novelty, 딩뱃dingbat이다. 이제 각 분류를 살펴보자.

세리프 폰트

역사가들은 세리프가 로마 시대의 석제 조각에서 기원한다고 믿는다. 장식 획의 목적에 대해서는 논란이 있지만, 최근에는 큰 텍스트 블록에서 가독성을 높여준다는 사실이 증명되었다. 장식 획들이 모여 수평선을 암시하기 때문이다. 디자이너들이 세리프 폰트를 고를 때 가장 먼저 떠올리는 것은 타임스 뉴 로만Times New Roman이다. 하지만 그 외에도 제공되는 세리프 폰트는 무수히 많다. 사용할 폰트를 결정할 때는 텍스트가 내주기를 바라는 '목소리'가 어떤 것인지를 먼저 결정하는 것이 좋다.

그림 4.15에 나와 있는 개러몬드Garamond체의 텍스트를 보자. 개러몬드는 '올드 스타일old-style' 세리프 폰트다. 올드 스타일 세리프 폰트는 이탈리아 고문서의 필체에서 유래한 것으로 굵은 획과 가는 획의 전환이 자연스러우며 세리프의 끝이 둥근 것도 특징이다. 올드 스타일 세리프 폰트를 보면 오래된 듯한 느낌과 손으로 만든 듯한 매력을 풍긴다. 개러몬드와 같은

폰트는 또 활용도가 매우 높다.
올드 스타일이라고 너무 구식
이어서 현대식 애플리케이션에
사용할 수 없는 것은 아니다.

올드 스타일

과도기

모던

슬라브

그림 4.15 세리프 폰트

　그림 4.15에서 두 번째에 있
는 폰트가 바스커빌Baskerville로,
'과도기 세리프transitioinal serif' 폰
트다. 획의 끝 지점과 세리프를
연결하는 굴곡을 '브래킷bracket'
이라고 하는데, 과도기 세리프
폰트는 브래킷이 둥글지만 세
리프의 모서리는 네모 반듯하다. 90도 각도와 완전히 곧은 선은, 이 분류에
속한 폰트에 현대적이고 기계적인 목소리를 입히고 있다. 이 세리프 폰트
가 과도기라고 불리는 이유는 올드 스타일에서 모던 세리프 스타일로 변
천하는 모습을 보여주고 있기 때문이다.

　세 번째 폰트는 디도Didot라고 하는데 '모던 세리프modern serif'다. 모던 세
리프 폰트는 굵은 획과 가는 획의 차이가 크고, 세리프에는 브래킷이 아예
없는 경우가 있다. 모던 세리프 폰트는 산업혁명 시기에, 과도기 세리프 스
타일의 급진적인 대안으로 출현한다. 오늘날 이 폰트들은 우아함, 세련됨,
패션과 관련이 깊다. 또 최첨단의 현대성보다는 영원성을 나타낸다. 모던
세리프 폰트는 아주 가느다란 획 덕분에 사실 제목에 사용할 때만 적합하
다. 그림 4.16에서 보는 것처럼 보그Vogue[15] 잡지는 항상 이탈리안 디도체를
사용하여 폰트와 잡지 모두를 스타일의 아이콘으로 거듭나게 한다. 모던
세리프 폰트를 발행인란에 사용하는 다른 유명한 잡지로는 브라이드Brides,
더블유W, 엘르Elle, 패어런츠Parents, 세븐틴Seventeen, 하퍼스 바자Harper's Bazaar
가 있다. 웹 디자인에서는 잘 사용하지 않지만 여러분의 목표가 고급스러
움을 추구하는 것이라면, 이 유형의 폰트가 적절한 선택이다.

15 http://www.vogue.com/

그림 4.16 Vogue 잡지에 세련미를 더하는 모던 세리프

1800년대 후반에 광고, 포스터, 전단지가 보편화하면서, 사람들의 이목을 사로잡기 위해서는 모던 세리프 폰트에도 더 대담한 변화가 필요했다. 바로 이때 '슬라브 세리프slab serif' 폰트가 처음 소개되었다. 록웰Rockwell과 같은 슬라브 세리프는 산업적이면서도 친근한 목소리를 갖고 있고, 모던 세리프보다는 덜 오만하며 오히려 더 현대적이다. 슬라브 세리프는 멀리서도 읽을 수 있도록 만들어졌기 때문에 훌륭한 제목을 만들어내고, 최근 웹에서도 크게 인기를 얻고 있다. 그림 4.17은 슬라브 세리프가 아름답게 사용된 예를 보여준다. 왼쪽의 수 위클리The Sew Weekly's[16]의 로고에는 '브로스Brosse'라는 서체가 사용되었다. 오른쪽 미드 센추리 모더니스트The Mid-century Modernist[17]는 '록웰 라이트Rockwell Light'를 로고에 쓰고 있다. 나는 개인적으로 슬라브 세리프가 남성적인 느낌을 준다고 생각한다. 수 위클리는 그 개념에 모순되지만 아름다우며, 폰트를 고를 때 관례를 깰 수 있음을 보여준다.

---

16 http://www.sewweekly.com/
    (옮긴이) 원서의 발간 이후 Sew Weekly 로고 폰트가 바뀌었다.
17 http://midcenturymodernist.com/

그림 4.17 Mid-century Modernist와 Sew Weekly에 사용된 슬라브 세리프

산세리프 폰트

타이포그래퍼들이 슬라브 세리프를 가지고 실험하기 시작하던 당시, 세리프 자체를 없애자는 아이디어는 큰 실수인 듯 보였다. 세리프는 전통이었기에 그것을 제거하자는 얘기는 타이포그래피의 골자를 없애자는 것과 마찬가지였다. 1800년대에는 초기 산세리프 폰트가 너무 혐오를 받은 나머지 괴괴망측하다는 얘기를 들을 정도였다. 그러나 사람들은 결국 세리프가 없는 서체에 마음을 열기 시작했고, 1920년대에 들어서 일각에서는 세리프가 사라지게 되리라 예측하기 시작했다.

세리프 폰트도 여전히 널리 사용되고 있기는 하지만, 산세리프 폰트의 인기와 활용도도 높아지고 있다. 이 유형의 폰트는 더 깨끗하고 현대적인 느낌이다. 제목으로 사용하면 눈에 띄는데, 세리프로 쓰인 본문과 함께 사용되면 특히 더 부각된다. 인쇄 디자인에서는 이런 조합으로 제목과 본문 사이의 대비를 만들어내는 방법이 오랫동안 표준적 관행으로 전해지고 있으며, 대학에서도 배웠던 팁이다. 반면에 웹에서는 그 역할이 뒤바뀌어 있었다. 가장 큰 이유는 그동안 화면 하드웨어의 해상도가 낮고, 또 옛날 OS에서 텍스트의 힌팅과 렌더링 기술에 한계가 있었기 때문이다. 세리프 폰트는 획 굵기에 변화가 있고 아주 가느다란 획도 있기 때문에 저해상도 화면에서 작은 글자는 거의 알아볼 수 없게 된다. 화면의 픽셀 밀도가 높아지고 오래된 컴퓨터가 퇴출당할수록 세리프 사용에 대한 우리의 자유도는

그림 4.18 Spoongraphics의 예

높아진다. 그림 4.18의 스푼그래픽스Spoongraphics[18]는 내가 즐겨보는 디자인 블로그인데, 제목은 산세리프로 본문은 세리프로 구성하는 유서 깊은 전통을 따랐다.

어떻게 쓰이는지에 상관없이, 산세리프 폰트는 알아보기가 쉽고 거의 모든 목적에 활용할 수 있다. 웹에서 가장 보편적으로 사용되는 산세리프 폰트는 애리얼Arial과 버다나Verdana다. 이들 폰트 패밀리는 두 주요 OS 모두에 기본으로 설치되어 있고, 그 결과 예상대로 웹 본문에서 가장 많이 사용된다. 디자인 세계에서는 이 패밀리들이 너무 흔히 남용되고 있는 것으로 알려져 있다(디자인 사회에서 애리얼은 헬베티카Helvetica의 빈약한 사촌쯤으로 간주된다는 낙인이 하나 더 있다). 이런 이유로 애리얼과 버다나는 개성보다 가독성이 목표인 본문에 쓰이기에 적합하다. 그러나 제목과 미감이 필요한 애플리케이션에서는 독특한 느낌이 더 요구될 때가 있다. 가끔 더 강한 세리프 폰트 또는 더 특색있는 산세리프 폰트로 이런 필요를 충족할 수 있지만, 이 두 종류의 폰트 외에도 고려할 만한 옵션이 아직 많다.

18 http://blog.spoongraphics.co.uk/

손글씨 폰트

가동 활자 시스템movable type systems이 발명되기 전에 모든 텍스트는 조각되거나 붓이나 손으로 쓰여야 했다. 손글씨, 특히 내 손글씨의 단점은 글자형, 정렬, 간격 등을 항상 똑같이 유지하기가 불가능하다는 것이다. 그래서 손글씨로 쓴 텍스트는 읽기 어려울 때도 있다. 그러나 여전히 손글씨의 아름다움은 인간다움을 상징하며 텍스트에 개성을 더한다. 그림 4.19에 나온 텍스트를 보자. 예시로 쓰인 각 문구는 폰트의 특성을 나타내기 위해 작성되었다.

Shall we visit the Winery?
Bickham Script Pro

Cake Baker
LHF Cosmic Cursive

Fresh Artichokes
ArtBrush

STRAIGHT UP GANGSTA
Bring tha noize

그림 4.19 인간미를 더하는 손글씨 폰트

손글씨 폰트들은 인적 오류의 요소는 제외한 인간적인 손길을 전해준다. 글자의 형태와 정렬은 일관적으로 구성되고 폰트가 정말 잘 디자인되었다면 간격 역시 잘되어 있을 것이다. 웹에 사용된 손글씨 폰트를 둘러보면 여러분은 개나 소나 만들 수 있다고 생각하기 시작할지 모른다. 사실이다. 연습과 정확성이 요구되는 세리프나 산세리프 활자와는 달리 손글씨 폰트는 개성이 전부다. 여러분 자신의 글씨체로 폰트를 만들어주는 툴과 서비스는 수십 가지가 있다. 가장 쉬운 사이트 중 하나는 유어폰트YourFonts. com[19]다. 사이트에서 제공하는 PDF 형식을 출력해 작은 칸들에 자신의 글씨를 써서 스캔한 다음, 업로드하고 소액을 내면 오픈타입 포맷의 폰트 파일을 내려받을 수 있다.

인간적이고 친근한 웹사이트를 만들고자 할 때 간혹 폰트를 사용하면, 그것이 손글씨 폰트라 하더라도 지나치게 완벽해 보일 수 있다. 그림 4.20

---

19 http://yourfonts.com

의 팩도그Packdog[20] 웹사이트를 예로 들어보자. 글자의 형태를 찬찬히 살펴보면 서로 같은 글자는 하나도 없다는 것을 알 수 있다. 폰트라기보다는 손으로 쓴 아름다운 글씨이기 때문이다. 대부분은 같은 글자에 있는 미세한 차이점을 알아차리지 못할 것이다. 그러나 그런 세심한 부분이 이 웹사이트를 좀 더 재미있고 친근하게 느껴지게 한다.

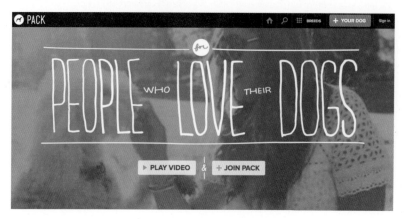

그림 4.20 Packdog.com 사이트의 손글씨

고정폭 폰트

지금쯤 여러분은 폰트 대부분에서 각 낱글자가 차지하는 공간이 다 다르다는 것을 알아차렸을 것이다. 예를 들어, 대문자 'W'는 공간을 많이 사용하지만, 그에 비해 'I'의 자리는 매우 작다. 간단한 텍스트로 이 현상을 보여주는 그림 4.21에서 어느 문장에 글자가 더 많은지 맞춰보자.

Women of the world wear makeup.
The lily in the valley is tiny.

그림 4.21 비례에 맞게 간격이 조절된 폰트

함정이 있는 질문이었다. 사실 두 문장에 있는 글자의 수는 같다! 그렇다면 왜 첫 번째 문장이 두 번째 문장보다 길어 보일까? 이런 현상이 생기는 이

---

20 http://packdog.com/

유는 대다수의 폰트가 비율적으로 간격이 정해지기 때문이다. 폰트에 속한 낱글자에는 글자의 너비를 결정할 뿐 아니라 그 주위에 나타날 공간의 양도 결정하는 규칙이 있다. 두 문장을 다시 한 번 보자. 그림 4.22에서는 커리어Courier 폰트를 사용했다.

Women of the world wear makeup.
The lily in the valley is tiny.

그림 4.22 고정폭 또는 모노스페이스 폰트

이제 두 문장의 길이가 같아 보이는 이유는 커리어가 고정폭 또는 모노스페이스monospace 폰트이기 때문이다. 이 종류의 폰트들은 간격이 일정하고 각 글자가 모두 비슷한 너비를 가지도록 디자인되었다. 너비가 고정된 폰트는 초기 타자기의 기술적 한계 때문에 탄생했다. 옛날 타자기는 'w'를 친 후에 페이지가 움직이는 거리를 'i'를 친 후와 다르게 조절할 수 없었다. 그래서 이런 기기에 사용할 수 있는 특별 폰트들이 개발되었다. 이 폰트들은 모든 글자의 간격이 같더라도 가독성은 여전히 보장되어야 했다. 초기 컴퓨터 화면에도 역시 고정폭 폰트가 사용되었는데, 머지않아 컴퓨터에서는 가독성이 더 나은 폰트, 즉 너비가 가변적(또는 비율적)인 폰트를 사용할 수 있게 되었다.

왜 오늘날에도 고정폭 폰트들이 사용될까? 코더와 회계사들의 정신건강을 위해서다. 코드를 작성하거나 데이터를 텍스트로 보여줄 때는 글자들을 행과 열로 잘 정렬하는 것이 중요하다. 이 책을 읽고 있는 여러분은 HTML과 CSS를 사용한 경험을 바탕으로 이미 고정폭 폰트에 익숙할 가능성이 높다. 이 모노스페이스 폰트의 장점은 그림 4.23에서 볼 수 있다. 'CSS3, please!'[21]는 여러 브라우저에서 사용할 수 있는 CSS3 규칙 생성기로, CSS3 속성을 이리저리 시험해 볼 수 있다.

웹에서 텍스트를 고정폭 폰트로 표시할 때에는 일반적으로 <pre>와 </pre> 태그로 감싸는 방법을 적용한다. pre는 '미리 형식화된preformatted' 텍

---

21 http://css3please.com/

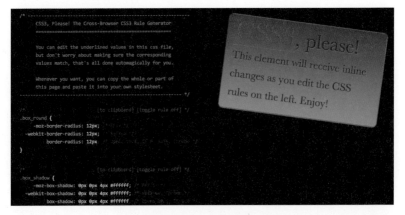

그림 4.23 CSS3, please!에서 사용된 고정폭 폰트

스트의 준말로, 고정폭 글자를 표시하는 것 외에도 탭, 띄어쓰기, 줄바꿈 등을 보호해 그대로 화면에 출력해준다. 이 태그는 원래 자료에서 잘라 붙이는 것만큼이나 웹사이트에 코드 또는 표를 나타내기 쉽게 해주는 편이다. '그런 편'이라고 얘기하는 이유는 pre 안에 존재하는 HTML 태그는 원래대로 나타나기 때문이다. 그래서 여러분이 코드 문서 안에 어떤 태그를 포함하려고 할 때는 HTML 문자 코드를 사용해, '〈'는 모두 <로, '〉'는 >로 대체해야 한다. 다른 HTML 요소와 마찬가지로, pre에도 CSS로 스타일을 입힐 수 있다. 간혹 페이지에 코드를 보여주려고 하는 웹 개발자들은 코드가 다른 텍스트에 비해 눈에 띄기를 바란다. CSS를 사용해 pre 태그의 테두리, 배경, 여백을 조정하고 텍스트에 다른 스타일을 입혀 눈에 띄게 할 수 있다.

비록 한물가긴 했지만, 고정폭 폰트를 흥미롭게 사용하는 하나의 방법으로 아스키ASCII 아트를 들 수 있다. ASCII American Standard Code for Information Interchange, 미국 정보 교환용 표준 코드는 원래 커뮤니케이션 장비에서 사용하는 영문 부호다. 7비트짜리 시스템에서 출력 가능한 95개의 글자가 몇 년 동안 이 화면에서 볼 수 있는 유일한 그래픽이었다. 군대와 학계 밖에 인터넷이 생기기 전에는 다이얼식 게시판 시스템bulletin board system, BBS의 네트워크가 있었다. 이 게시판에서는 메뉴나 게임 그래픽 등을 아스키 문자로 나타냈다.

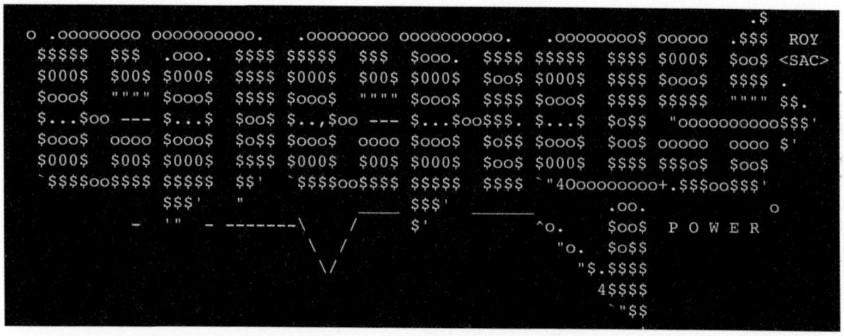

그림 4.24 Carsten Cumbrowski가 ASCII 아트로 제작한 BBS 제목 'Energy'

BBS의 전성기 시대에 자란 사람들은 고정폭 글자만 사용해 만드는 '비공식적인' 그래픽을 좋아했다.

지금은 아스키오매틱ASCII-O-Matic[22] 또는 패트릭 길레스피Patrick Gillespie의 텍스트 아스키 아트 제너레이터Text Ascii Art Generator[23] 같은 웹 앱으로 훨씬 복잡한 아스키 아트를 만들 수 있다. 1980년대 말, 1990년대 초에 나온 아스키 아트는 문자 하나하나로 만들어졌고 매체의 한계를 넘어섰다. 그림 4.24에 보이는 'Energy'라는 BBS 제목처럼 이런 유형의 작품은 컴퓨터 그래픽의 역사에서 가끔 간과되는 고리다.

노블티 폰트

'노블티 폰트Novelty font'는 디스플레이display, 장식decorative, 판타지fantasy 폰트라고도 알려져 있는데, 온라인에서 사용할 수 있는 어마어마한 양의 무료 폰트가 포함되어 있다. 이 분류에 속한 폰트 중 일부는 인기 있는 세리프 또는 산세리프 폰트를 변형한 것이고, 또 다른 일부는 엉뚱한 아이디어로 만들어진 것으로 폰트라기보다는 개념 예술conceptual art에 더 가깝다. 이들 고유의 특성 때문에 이 폰트는 전통적 폰트에 비해서 가독성이 떨어진다. 그러나 조금만 사용하면 디자인에 개성과 재능을 풍부하게 더해준다. 그림 4.25에 노블티 폰트가 몇 개 소개되어 있다.

22 http://www.typorganism.com/asciiomatic/
23 http://patorjk.com/software/taag/

노블티 폰트는 가끔 로고 디자
인을 시작할 때 사용하기 좋다. 그
림 4.26 토니 유_{Tony Yoo}의 개인 포트
폴리오 사이트인 하이프네이션_{Hype-}
_{nation}24을 보자. 사이트의 대담하면
서도 기하학적인 복고풍의 디자인
이 로고에 사용된 굵고 뭉툭한 서체
와 잘 어울린다. 이 글씨는 라 모다
_{La Moda}라는 폰트의 대문자와 비슷
하게 생겼으나, 필시 개인적인 취향
에 따라 수정되었을 것이다.

그림 4.25 Novelty 폰트의 예

내가 활자체에 대해서 조금은 알
지만, 귀신같이 한 번에 폰트를 척 알아보지는 못한다. 흥미로워 보이는 텍
스트가 무슨 폰트인지 알 수 없을 때, 머릿속에 가장 먼저 떠오르는 것은
'WTF'다! 물론 나는 마이폰트_{MyFont}의 훌륭한 왓더폰트_{WhatTheFont}25를 떠올
렸다. WTF는 자동으로 폰트를 확인해주는 시스템이다. 활자 블록을 잘라

그림 4.26 Hype-nation의 대담한 복고풍의 디자인

24 http://hype-nation.com
25 http://new.myfonts.com/WhatTheFont/

그림 4.27 MyFont의 WhatTheFont 서비스

내고 깨끗하게 닦아 WTF 사이트로 업로드하면 사이트 데이터베이스와 글자를 대조하여 해당 폰트를 찾아준다. 그림 4.27은 하이프네이션 텍스트에 대해서 나온 대조 결과를 보여준다. WTF는 매우 유용한 툴로, 여러분이 올린 텍스트를 파악하는 데 실패하면 사이트의 포럼을 이용할 수도 있다. 거기에는 타이포그래피와 관련된 수수께끼를 풀기 좋아하는 '망토를 걸친 폰트 애호가'들이 있다.

디자인에 대해서 내리는 모든 선택과 마찬가지로, 노블티 폰트를 사용하기 전에 우선 고객의 요구와 목표로 삼는 사용자를 고려해야 한다. 고객 대부분은 이미 어떤 형태로든 브랜드를 가지고 있을 것이다. 특이하거나 색다른 노블티 폰트를 고르면 기업의 이미지를 흐릴 수도 있다. 그렇다 하더라도, 웹사이트 디자인의 테마를 정할 때는 열린 마음을 갖는 것이 좋다. 여러분과 일하는 기업이 현재의 이미지에서 벗어나고 싶어 할 가능성도 있으니 말이다.

딩뱃 폰트

웹사이트 디자인에 넣을 만한 그림이나 삽화를 찾고 있다면 '딩뱃dingbat'이나 '기호symbol' 폰트 사용을 고려해볼 수 있다. 인쇄 시대 초기에 딩뱃은 인쇄된 텍스트와 흰 여백을 분리할 때 사용하는 장식용 문자였다. 원래 딩뱃 폰트는 주로 장식체와 흔히 사용되는 기호로 구성되었는데, 디지털 폰트의 혁명 이후로 딩뱃 폰트에 대한 개념이 크게 바뀌었다. 지금은 모든 그래픽이 딩뱃 폰트의 문자로 지정될 수 있다.

텍스트를 생성할 때 이 폰트들은 별 쓸모가 없어 보일 수도 있지만, 벡터 그래픽과 아이콘처럼 유용할 수 있다. 폰트는 크기 변경이 가능한 벡터 도형으로 구성된다. 그렇기에 딩뱃 문자는 포토샵 또는 일러스트레이터에서 윤곽선 도형으로 전환될 수 있고 질을 떨어뜨리지 않으면서 크기를 바꾸거나 분해, 왜곡할 수 있다. 이 폰트를 사용할 때의 유일한 문제는 여러분이 원하는 문자를 어디서 찾을 수 있는지를 알아야 한다는 것이다. 간혹

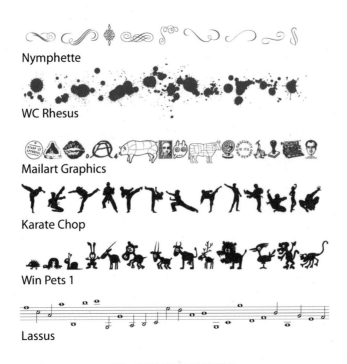

Nymphette

WC Rhesus

Mailart Graphics

Karate Chop

Win Pets 1

Lassus

그림 4.28 무료 딩뱃 폰트의 몇 가지 예

딩뱃 폰트에 있는 어떤 화살표나 기호를 기억하고 있어도, 원하는 것을 찾을 때까지 알파벳의 반은 시도할 때가 있다. 다행히 딩뱃 폰트 대부분은 테마를 가지고 있어 특정 문자는 찾기 어려워도 어떤 문자가 어떤 폰트에 있는지 기억하기는 쉽다.

딩뱃을 생각할 때 사람들의 머릿속에 가장 먼저 떠오르는 세트는 '윙딩Wingdings'과 '웹딩Webdings'으로 윈도우에 기본적으로 설치된 딩뱃 폰트들이다. 웹에는 수백 가지의 딩뱃 폰트가 있다. 그림 4.28에 그중 몇 개의 예가 나와 있다.

폰트 찾기

폰트는 웹에서 얼마든지 찾을 수 있다고 몇 번 얘기했지만 찾아볼 만한 장소는 아직 알려주지 않았다. 구글에서 폰트를 검색해보면 여러분은 폰트 사이트에 3종류가 있다는 것을 발견하게 될 것이다. 바로 무료 폰트 갤러리, 상업적 폰트 갤러리, 개인 예술가와 폰트 제작사들의 사이트다. 3가지 사이트 모두 여러분의 타이포그래피 공구함에 넣을 만한 폰트를 구하기에 좋은 장소다.

em은 CSS에서

이 웹사이트들은 많은 디자이너의 무료 폰트를 나열하고 분류하고 있다. 이 갤러리에 올라와 있는 어떤 디자이너는 자신의 웹사이트를 가지고 있고, 거기서 자신이 디자인한 다른 폰트를 판다. 특정 디자이너가 만든 폰트를 즐겨 사용한다면 그가 만든 다른 폰트도 꼭 확인해보자. 곳곳에 정말 못생긴 무료 폰트가 많다는 것도 기억하자. 또 많은 웹사이트에서 무료 폰트를 준다고 얘기하지만 다운받기까지 성가신 광고를 수없이 봐야 할 때도 있다. 여러분의 사이트에 @font-face로 폰트를 심으려고 할 때는 무료 폰트라도 라이선스가 그 부분을 허용하는지 꼭 확인해야 한다. 자, 이제 무료 폰트를 받을 수 있는 훌륭한 사이트를 소개한다.

- 폰트 스쿼럴Font Squirrel, http://fontsquirrel.com/
- 더 리그 오브 무버블 타입The League of Movable Type, https://www.theleague ofmoveabletype.com/
- 다폰트DaFont, http://dafont.com/

상업적 폰트 갤러리

방금 소개한 무료 갤러리와 셰어웨어 갤러리와 같이, 상업적 폰트 갤러리도 많은 디자이너와 폰트 제작사들의 폰트를 제시한다. 그러나 무료 갤러리와는 달리 폰트 대부분에 돈이 든다. 그러나 타이포그래피 면에서는 그만큼 얻는 것이 분명히 있다. 이들 사이트에서는 보통 폰트 하나에 대한 라이선스를 받으면 모든 문자를 세트로 얻을 수 있을뿐더러 볼드체, 이탤릭체, 오블리크Oblique체 등의 다른 변형도 받을 수 있다.

- 폰트샵FontShop, http://fontshop.com/
- 폰트Fonts, http://fonts.com/
- 비어Veer, http://www.veer.com/products/fonts/
- 마이폰트MyFonts, http://myfonts.com/
- 어도비 폰트Adobe Fonts, http://adobe.com/type/

개인 예술가와 제작사

내가 좋아하는 많은 현대 폰트들은 손에 꼽히는 개인 예술가와 회사에서 나온다. 이런 웹사이트 대부분에는 무료 폰트도 있고 할인가로 제공되는 폰트도 있다.

- 엑스리브리스 폰트 파운더리exljbris Font Foundry, http://www.exljbris.com/ 인기 폰트인 뮤제오Museo, 애니버스Anivers, 디아블로Diavlo의 제작자인 조스 뷔벤가Jos Buivenga의 사이트.
- 레터헤드 폰트Letterhead Fonts, http://letterheadfonts.com 이 작은 제작사에는 200개가 넘는 고품질의 독특한 폰트가 있다.

- 블루 바이닐 폰트Blue Vinyl Fonts, http://bvfonts.com/
제스 래섬Jess Latham의 사이트. 다른 많은 폰트 디자이너처럼 제스도 취미로 폰트를 디자인하기 시작했다. 그의 무료 및 유료 폰트는 스타일이 독특하고 잘 만들어졌다.

- 파운틴 타입Fountain Type, http://fountaintype.com/
피터 브룬Peter Bruhn의 사이트. 이 사이트는 전 세계 디자이너 20여 명이 만든 최고의 폰트를 보여준다. 또 매력적인 무료 폰트들도 제공하고 있다.

- 타이포더믹 폰트Typodermic Fonts, http://typodermicfonts.com/
레이 라라비Ray Larabie의 사이트. 레이는 무료 폰트 분야에서 인기 스타다. 그의 작품은 문자 세트가 풍성하고 품질이 뛰어난 것으로 유명하다.

- 미스프린티드 타입Misprinted Type, http://misprintedtype.com/
에두아르두 헤시피Eduardo Recife의 사이트. 에두아르두는 오래되고 낡은 듯하면서도 절충된 느낌의 폰트를 만드는 데 일인자다. 그의 작업은 정형에서 조금 벗어나지만 분명히 독창적이다.

- 피자두드Pizzadude, http://pizzadude.dk/
제이콥 피셔Jakob Fischer의 사이트. 제이콥의 작업은 어눌하고 느긋해 보이는 스타일이지만, 1998년부터 손으로 만든 폰트를 500개나 넘게 쏟아내었다.

한글 폰트를 제공하는 사이트

한글 디지털 폰트 환경의 열악함을 인식한 각 포털과 기업에서 폰트를 배포하고 있다. 이런 폰트들은 대부분 무료이며, 보통 기업의 아이덴티티를 위해 개발한 기업 전용 폰트를 일반 대중에게 공개하는 형태다. 대부분 2,350자밖에 표현할 수 없는 완성형 폰트지만, 디자인 작업에 사용하는 데는 무리가 없다.

아래에 전용 폰트를 무료로 제공하는 사이트를 몇 개 소개한다.

- 네이버 나눔글꼴 (http://hangeul.naver.com/2014/nanum)
네이버는 2008년부터 매년 새로운 글꼴을 만들어 무료로 배포하고 있다. 나눔고딕체는 굴림체를 대체할 폰트로 개발하였으며, 모든 한글 표현이 가능하도록 첫닿자,

홀자, 받침자를 모두 조합한 11,172자를 만들었다. 본문용으로 제작된 폰트지만 제목용으로 사용하기에도 무리가 없으며, 일일이 화면에서 글자의 간격을 조정하는 기술인 매뉴얼힌팅이 적용되어 인쇄용뿐만 아니라 화면용 폰트로도 유려하게 사용할 수 있다.

- 서울서체 (http://www.seoul.go.kr/v2012/seoul/symbol/font.html)
  서울시가 산돌커뮤니케이션과 함께 제작한 전용 폰트로 제목용으로 적당하다.

- 제주서체 (http://www.jeju.g3.263o.kr/index.jeju?menuCd=DOM_00000030 2008006001&sso=ok)

- 배달의민족 한나체·주아체 (http://www.woowahan.com/?page_id=3985)

- 네이버 자료실 무료 폰트 (http://software.naver.com/software/fontList. nhn?categoryId=I0000000)

뷰티풀 웹 디자인	나눔명조
뷰티풀 웹 디자인	서울한강체L
뷰티풀 웹 디자인	제주고딕체
뷰티풀 웹 디자인	배달의민족 한나체

다음은 한글 폰트를 판매하는 사이트다.

- 산돌 (https://www.fontclub.co.kr/main.asp)
- 윤디자인 (http://yoonfont.co.kr/shop/shop.asp)
- 폰트릭스 (http://rixshop.fontrix.co.kr/)

자신이 만든 웹사이트에 적합한 폰트를 적용하려면 다양한 폰트에 관해 연구가 필요하다.

알맞은 폰트 고르기

글자형과 서체 분류에 대한 모든 기술적인 측면을 이해하고 세상 모든 폰트를 사용할 수 있더라도, 알맞은 것을 고르는 일은 여전히 어렵다. 기술적 문제를 이유로 폰트를 고르기도 하지만, 예술적 허용과 감성적 연상에도 근거해서 선택해야 하기 때문이다. 자, 어디서부터 시작해야 할까?

완벽한 폰트를 찾기 위해서는 여러분이 목표로 삼는 사용자에게 주고자 하는 느낌을 정의하는 것부터 시작해야 한다. 웹사이트가 나타내는 회사가 유행에 밝은 젊은 회사임을 보이고 싶은가? 아니면 변함없는 현명함을 표현하겠는가? 하와이식 파티 또는 멕시코식 축제와 같이 어떤 테마에 대한 사이트를 만들고 싶은가, 아니면 더 전문적인 특성을 전달하고 싶은가? 이런 질문을 던져보고 감성적인 수준에서 폰트를 고려하면 어떤 폰트가 여러분의 애플리케이션에 적절한지를 꽤 쉽게 판단할 수 있을 것이다.

특정 폰트에 대해 생각하면서 이 질문들에 답할 수 없다면 자신만의 질문을 만들어도 좋다. 그림 4.29에 나온 지노시 G'nosh[26]의 스크린샷을 보자. 이 사이트의 디자이너들은 폰트를 고를 때 자신에게 어떤 질문을 했을까? 그들이 손으로 쓴 듯한 느낌을 찾고 있었던 것이 분명한데, 그 이유는 무엇일까? 내 추측에 그들은 가능한 한 편안하고 다가가기 쉬운 느낌의 브랜드를 만들려고 했던 것 같다.

그림 4.29 다가가기 편안한 G'nosh 사이트

26 http://www.gnosh.co.uk/

생각해보자. 당신은 지금까지 살면서 수십억의 글자와 수백만의 단어를 봐 왔을 것이다. 그로부터 이미 자신도 모르는 사이에 형성된 감성적 연결 고리를 바탕으로 여러분은 폰트를 고를 수 있다. 지금껏 봤던 로고, 앨범 표지, 교과서, 표지판 등을 떠올려보자. 그때 본 타이포그래피의 요소가 그 대상에 대한 여러분의 인식에 어떠한 영향을 주었는가?

자, 이제는 그 생각의 과정을 거꾸로 바꿔보자. 'Joe's Restaurant'과 같이 포괄적인 명칭을 예시로 사용할 것이다. 이 이름에 사용할 폰트는 잠재 고 객이 인지하게 되는 레스토랑의 정체성과 그에 대한 태도를 형성하는 데 중요한 역할을 할 것이다. 그림 4.30을 보고 편안하고 자그마한 이탈리아 식당을 떠올리게 하는 폰트를 골라보자. 이번에는 대도시 안에 별 다섯 개 짜리 고급 요리를 팔 듯한 레스토랑을 연상시키는 폰트를 골라보자. 누추 한 부둣가 술집에 어울리는 것은 무엇인가? 이 모든 경우에 정답은 없으나 명백히 실패할 만한 폰트는 반드시 있다. 우선 몇 가지 좋은 후보를 추리고 그중에서 선택을 좁혀가는 과정을 마음에 드는 하나가 나올 때까지 반복 한다.

Joe's Restaurant Skia	Joe's Restaurant Versailles	Joe's Restaurant Legault	Joe's Restaurant Colona MT
JOE'S RESTAURANT Lithos Pro	JOE'S RESTAURANT Charlemagne	Joe's Restaurant Park Avenue	Joe's Restaurant Disgusting Behavior
JOE'S RESTAURANT Umbra	Joe's Restaurant Amigo	Joe's Restaurant Sloop	Joe's Restaurant Bubbledot ICG
Joe's Restaurant Insignia	Joe's Restaurant Adobe Jenson Pro	Joe's Restaurant Pelican	JOE'S RESTAURANT Cottonwood
Joe's Restaurant Bauhaus 93	Joe's Restaurant Modern No. 20	Joe's Restaurant Harrington	Joe's restaurant Slugfest

그림 4.30 Joe's Restuarant으로 발길을 유도할 만한 20종류의 폰트

나쁜 폰트라는 것은 없다. 단지 부적절한 것만이 있을 뿐이다. 특정 폰트 가 하나의 목표에 대해서는 실패할지 모르지만, 다른 상황에서는 딱 들어 맞을 수도 있다. 열린 마음을 가지는 것이 요령이다. 몇 개의 가능성으로 후보군을 좁힌 후에는 친구나 동료에게 물어보자. "어느 쪽이 더 [형용사] 해 보여?" 형용사 자리에는 여러분이 끌어내고자 하는 느낌을 대입한다.

마지막으로, 폰트를 고를 때는 선정할 폰트 개수를 제한하는 것이 중요하다. 경험에 의하면, 웹사이트 디자인에는 최소 2가지 이상의 폰트를 사용하되 4개는 넘지 않는 것이 좋다. 새로운 폰트를 도입하기 전에 여러분이 쓸 수 있는 변형(볼드체, 이탤릭체, 컨덴스체, 블랙체 등)도 있다는 것을 기억하자. 이런 변형 서체는 활자의 일관성을 유지하면서도 다양성을 더할 수 있다. 한 프로젝트에서 두 종류의 세리프 폰트 또는 두 종류의 산세리프 폰트를 함께 사용하는 일은 되도록 피한다. 2장에서 언급한 부조화 색 현상처럼 같은 세리프나 산세리프에 속한 두 종류를 함께 사용하면 디자인이 이상할 만큼 불편하게 느껴질 수 있다.

폰트 크기와 행간 설정하기

늘 그랬지만, 텍스트의 크기란 혼란스러운 주제다. 인쇄 활자의 역사에서 프랑스의 활자 주조가인 세바스티앙 트뤼세Sébastien Truchet 신부가 타이포그래피에 포인트point, pt.라는 개념을 소개하기까지 300년이라는 시간이 걸렸다. 그 이후로 포인트가 타이포그래피 크기의 표준 측정 단위로 사용되었다. 하지만 영국과 프랑스의 측정 단위가 다른 탓에 포인트의 정확한 크기는 세월이 지나면서 여러 번 바뀌었다. 디지털 타이포그래피 시대가 시작되어서야 포인트의 공식적인 크기가 1/72인치로 정해졌다.

웹에서의 텍스트 크기를 설정하는 일 역시 변동 많은 역사를 지나왔다. 인쇄 세계에서는 활자 크기가 포인트 단위로 측정되지만, 웹에서는 모니터의 해상도에 따라 활자 크기가 다르며 크기를 설정하는 단위도 다양할 수 있다. 웹 텍스트에서 가장 많이 사용하는 단위는 픽셀px, 포인트pt, 퍼센트% 그리고 em이다. 너무 깊게 들어가지 않고 쉽게 얘기하자면 16px = 12pt = 100% = 1em이다. CSS에서는 픽셀이 텍스트의 크기를 지정하는 가장 작은 단위이자 가장 좋은 단위다. 모니터 해상도와 화면 그래픽의 크기는 모두 픽셀로 이루어져 있다. 그렇기 때문에 텍스트 크기를 픽셀로 조정하는 것이 당연하다. 그런데 왜 모든 사람이 웹 텍스트 크기를 픽셀로 설정하지 않는 것일까?

가장 큰 이유는 일부 브라우저에서는 픽셀로 지정된 텍스트의 크기를 변경할 수 없기 때문이다. 크기를 변경하지 못하게 하는 것은 아마도 작은 텍스트를 읽지 못하는 사용자들의 접근성 때문일 것이다. '아마도'라고 얘기하는 이유는 이제는 브라우저 대부분이 폰트 크기를 키우는 대신 페이지를 확대해 볼 수 있는 기능을 사용자에게 제공해서다. 여러분이 만드는 사이트에서 페이지를 확대할 뿐 아니라 텍스트 크기 자체를 키울 수 있게 하려면, 텍스트 크기를 em으로 설정하면 된다.

나는 픽셀을 기준으로 생각한다. 그래서 웹에서 폰트 크기와 행간을 설정할 때에는 윌슨 마이너Wilson Miner가 2007년 '어 리스트 어파트A List Apart'에 기고한 「웹 활자를 기저선 그리드에 맞추기Setting Type on the Web to a Baseline Grid」[27]라는 글의 내용을 따르고 있다. 우리가 앞서 본 세로 단 그리드와 같이 기저선 그리드는 텍스트를 줄 세우는 등간격의 수평선 세트다. 기저선 그리드를 따르면 콘텐츠가 제멋대로 배치된 것처럼 느껴지지 않으며 리듬감을 더할 수 있다. 윌슨이 쓴 글에서는 기본 마진과 패딩을 모두 제거하고, body 요소 안에서 font-size와 line-height를 설정한다. 또 모든 요소에 line-height를 넣고, 본문의 행간과 같은 크기 또는 배수의 크기로 하단에 마진을 둔다. 복잡하게 들려도 실제로는 꽤 쉬운 설정이다.

문장부호와 특수문자 사용하기

현대 워드 프로세스 프로그램에 큰따옴표를 입력하면 '동글동글'하게 예쁜 부호를 볼 수 있다. 그림 4.31에서 보듯이 동글한 따옴표 모양은 자판 위에서 찾아볼 수 없다. 그러나 워드 프로세스 프로그램은 여러분이 따옴표 사이에 단어를 넣으면 왼쪽과 오른쪽 따옴표가 달리 보이기 원한다는 사실을 이해하고,

그림 4.31 일반 자판 위에 표시된 따옴표

27 http://www.alistapart.com/articles/settingtypeontheweb

여러분이 입력한 문자를 알맞은 문자로 바꿔준다. 아포스트로피(', 작은따옴표) 부호도 마찬가지다. 여러분의 자판에 보이는 것과 똑같은 ASCII 아포스트로피를 책이나 안내책자에서 본 일이 있나? 물론 없을 것이다. 인쇄물에 보이는 것은 보통 '닫는 작은따옴표'이다. 사실, 일반 자판에는 웹 페이지나 인쇄물에서 흔히 보이는 수많은 문자가 빠져 있다.

위의 얘기는 워드 프로세서를 사용하는 사람들에게는 좋은 일이다. 하지만 HTML 문서에는 자동으로 자판의 문자를 문법에 맞는 부호로 대체해주는 시스템이 없다. 이런 문자를 HTML 문서에 바로 붙여넣으면, 여러분의 웹사이트가 사용하는 인코딩 문자의 종류에 따라 실제 페이지에서는 횡설수설한 문자가 잔뜩 나타날 수 있다. 게다가 '〈'와 '〉'처럼 HTML에서 사용되는 부호가 포함되면 페이지가 아수라장이 되고 말 것이다. 이 두 부호는 HTML 태그의 시작과 끝으로 해석되는 부호이기 때문이다.

이런 이유로 특수 코드 또는 개체들이 만들어졌다. 우리는 이 코드들을 HTML 문서에 입력해서 올바른 문장부호를 만들고 필요한 특수 문자를 나타낸다. 표 4.1은 수많은 HTML 문자 코드 중에서 일부를 보여주고 있다. 가장 왼쪽에 있는 코드들이 개체의 이름 또는 키워드다. 예를 들어, 저작권 표시를 문서에 나타내기 위해서는 HTML에 ©를 입력한다. 그러면 실제 페이지에서 ©를 볼 수 있다. 각 개체에는 숫자로 된 값도 있다. © 의 값은 #169이다. 따라서 ©를 입력하면 같은 표시를 얻을 수 있다. 더 많은 코드와 그에 짝지어진 개체 번호를 보고 싶다면 W3Schools 사이트에서 HTML Entities 페이지[28]를 참고하면 된다.

키워드	문자	설명
&lt;	<	~보다 작은
&gt;	>	~보다 큰
&amp;	&	앰퍼샌드
&lsquo;	'	왼쪽 작은따옴표

[28] http://www.w3schools.com/html/html_entities.asp

’	'	오른쪽 작은따옴표
“	"	왼쪽 큰따옴표
”	"	오른쪽 큰따옴표
«	«	왼쪽 인용표
»	»	오른쪽 인용표
®	®	등록상표 기호
™	™	상표 기호
©	©	저작권 기호
¢	¢	센트
£	£	파운드
¥	¥	옌
¼	¼	4분의 1
½	½	2분의 1
¾	¾	4분의 3

표 4.1 HTML 문자 개체의 참고 목록

가장 보기 좋은 한글 폰트의 크기는 얼마일까?

한글 사이트에서는 보통 폰트 크기를 픽셀(px)로 지정해 사용한다. em은 영문 폰트를 표준으로 배율을 조절해서 폰트 크기를 지정해 주는 태그인데다, 한글과 영문의 기본 폰트 크기가 달라 em 태그를 그대로 사용하면 텍스트가 깨지기 때문이다.

한글 폰트에서는 일정 크기 이하(9픽셀)에서는 글씨가 깨지므로, 대다수 한글 폰트는 12픽셀을 기본으로 지정하며, 작게 쓰고자 할 때는 11픽셀로 지정한다. 필요할 때는 더 크게 쓰기도 하지만 기본 폰트인 굴림체, 돋움체는 두께가 얇아 크게 쓰면 안정감 있는 제목용으로 사용하기 어렵다. 따라서 보통 10픽셀~16픽셀 사이에서 사용하는 편이다.

덧붙여, 보통 폰트의 크기는 영문의 경우 em을 사용하고, 한글은 픽셀로 정의한다. 한글에서는 폰트 크기를 픽셀로 정의하지만, 행간(line-height)의 경우 배율로 표시하여 em 태그를 사용하기도 한다.

다음은 예시다.

```
body{font-size:12px;line-height:1.5em;}
```

또 기본 폰트의 크기는 대부분의 브라우저에서 기본적으로 변경할 수 있으며, 일반적으로 해당 서비스에서 본문 텍스트 크기를 제공한다.

적용하기: 섬세한 서체

KRG 로고에서는 활자가 중요한 역할을 한다. 로고에 사용된 서체는 강하고 선명하면서도 깨끗하고 친근해 보여야 했다. 그래서 푸티거 LT 45 라이트Frutiger LT 45 Light와 푸티거 LT 65 볼드Frutiger LT 65 Bold를 함께 사용했다. 굵은 서체와 가는 서체를 조합하여 대비가 크게 느껴지지만, 같은 패밀리에 속한 폰트여서 로고에 통일감을 유지하고 있다.

그림 4.32 KRG 로고에 쓰인 타이포그래피

KRG 사이트 전반에 걸쳐 제목과 본문은 가독성을 최대화하기 위해서 특색 있는 산세리프 웹 폰트를 골라야 했다. 또 무게감도 서로 달리할 수 있어야 했다. 그래서 소스 산스 프로 볼드Source Sans Pro Bold 서체가 제목에 사용되고, 본문 텍스트 폰트로는 소스 산스 프로 라이트Source Sans Pro Light가 선정되었다. 이 폰트가 선택된 이유는 KRG가 현대적이면서 매끈한 모습을 유지하기 원했기 때문이다. 본문 텍스트는 열려 있고 환영하는 느낌이 들어야 했다. 그래서 가독성을 높이고 밝은 분위기를 전달하기 위해 행간을 늘렸다.

홈페이지에서는 최신 뉴스로 방문자를 끌어들이고, 둘러볼 만한 다른 콘텐츠도 제공해야 한다. 유익하고 다양한 시술의 종류와 가격 정보도 제공해야 한다. 가격과 같은 요소들은 눈에 띄는 효과를 만들 때 이용하는 특별한 CSS 클래스로 두드러지게 만들 수 있다. 제목은 선명하고 깨끗해야 하며 다른 설명 텍스트와는 대비를 이뤄야 한다.

Therapeutic Reflexology

Reflexology is a science that deals with certain reflex points that correspond to organs, glands, muscles and parts of the body. Reflexology also improves circulation and nerve function while bringing equilibrium and relaxation to the body. Reflexology can be performed on the feet, hands, face and ears.

Learn More

PEMF

Pulsed electro-magnetic field (PEMF) therapy is FDA approved and has been proven to have neurological, physiological and psychological benefits. The PEMF Therapy improves circulation, increases oxygen, reduces swelling, helps the body activate stem cells and increases the body's natural healing and regeneration dramatically.

Learn More

Thermography

A non-invasive way to gain insight to your patient's body and see problem areas. Medical DITI's major clinical value is in its high sensitivity to pathology in the vascular, muscular, neural and skeletal systems and as such can contribute to the pathogenesis and diagnosis made by the clinician.

Learn More

그림 4.33 본문에 사용된 Source Sans Pro 폰트

폰트 자체는 @font-face를 사용해 실행되었고, 일관성을 최대한 유지하기 위해서 사이트 내에 호스팅되었다. 그림 4.34에서 볼 수 있듯이 텍스트에는 숨 쉴 공간을 충분히 주었다. 메뉴는 대비가 크고, 뉴스 슬라이더의 제목은 볼드체로 쓰여 주의를 끌고 읽기 쉽다. 슬라이더 아래에 있는 행동 유도 박스의 텍스트에는 CSS로 만든 그림자 효과가 적용되어 다른 레이아웃에 비해 차별화된다.

그림 4.34 KRG 홈페이지 디자인

KRG 사이트의 최종 모습은 나중에 자세하게 볼 것이다. 그 전에 이미지에 대해서 공부하자. 어디서 어떤 이미지를 찾아야 하며, 어떻게 고객들의 마음에 쏙 들게 만들지를 말이다.

가독성이 좋고 모범적인 한글 폰트는 어떤 게 있을까?

한글 폰트는 영문 폰트처럼 개발의 역사가 깊지 않고, 특히 디지털 한글 폰트의 경우 대부분 일본 폰트를 본떠 만들었다. 대표적인 한글 디지털 폰트인 굴림체는 1970년대 일본 사진식자기가 도입되면서 일본 제목용 폰트인 나루체를 기반으로 만들어졌다.

한글 폰트는 영문 폰트와 달리 11,172자를 따로 만들어야 하는 조합형 글꼴이라서 대·소문자 알파벳만 만들면 되는 영문 폰트보다 제작이 훨씬 어렵다. 따라서 현재 한글 폰트는 약 2천여 개 정도로 2만 개 이상인 영문 폰트에 비하면 부족한 편이다. 또한, 헬베티카helvetica처럼 폰트군font family이 완성도 높게 갖춰진 전통적인 폰트도 드물다.

하지만 많은 한글학자, 디자이너, 폰트 개발자의 노력으로 수준 높은 한글 폰트가 꾸준히 개발되고 있으며, 한글 폰트들의 수준에 맞춰 국내 디자이너들의 타이포그래피 표현 수준도 점차 높아지고 있다.

다음에 열거된 폰트들은 현업 디자이너들이 일반적으로 많이 사용하는 제작회사의 폰트다. 폰트를 고르기 어렵다면 기본 폰트인 굴림, 명조체를 선택하는 것이 가장 안전한데, 그 이유는 본문용, 제목용을 골고루 사용할 수 있고, 두께마다 폰트군이 다양하여 어느 디자인에도 표현할 수 있어서다. 또 윈도우 환경에서 가장 보편적으로 쓰이는 폰트여서 보급률이 높고, 모든 글자를 표현할 수 있어 안전하다.

- 윤디자인 주식회사 윤고딕Yoon Gothic, 윤명조Yoon Myungjo 등
- 폰트릭스 릭스고딕Rix Gothic, 릭스명조 등
- 산돌커뮤니케이션 산돌고딕Sandoll Gothic, 산돌명조Sandoll Myungjo 등

뷰티풀 웹 디자인　윤명조

뷰티풀 웹 디자인　윤고딕

뷰티풀 웹 디자인　산돌명조

뷰티풀 웹 디자인　산돌고딕

뷰티풀 웹 디자인　노토산스 CJK

하지만 이들을 애리얼arial이나 버다나verdana처럼 웹 폰트용으로 사용하기는 어렵다. 이 폰트들은 애리얼처럼 웹과 오프라인 인쇄물에 공통으로 사용할 수 있게 만든 폰트가 아니라 오프라인 인쇄 전용으로 만들어졌기 때문이다. 따라서 국내 디자이너들은 위에 나열된 폰트를 포토샵에서 적용하여 이미지로 제작해 사용한다. 온라인 환경에서 한글 웹 폰트로 가장 일반적으로 쓰는 폰트는 굴림체와 돋움체지만, 폰트 자체의 완성도나 매력은 없다.

　웹에서 쓸 수 있는 폰트로는 2008년 10월부터 네이버에서 무료로 배포한 나눔고딕체가 있다. 굴림체를 대신할 목적으로 제작되어 인쇄물뿐만 아니라 웹에서 써도 미려하게 보이도록 제작되었다. 그 밖에 윈도우 비스타 전용 폰트로 MS에서 의뢰하여 산돌에서 개발한 맑은고딕체가 있으며, 최근 구글에서 무료 배포한 노토산스 CJKNoto Sans CJK의 경우 한중일 모두 지원하며 역시 산돌에서 한글폰트를 개발하였다.

이미지

레이아웃에서 색, 질감, 활자에 이르
기까지 사실 이 책의 시작부터 줄곧
이미지에 관해서 얘기해왔다. 그런데
왜 책의 마지막 부분에서 이미지를
따로 다뤄야 할까? 타이포그래피에
서도 그랬듯이, 이미지와 관련해서도
파일 유형, 이미지 해상도, 사진 출처

그림 5.1 카메라의 눈

등을 포함해 우리가 해결해야 할 현실적 문제가 많다. 또 당연하지만 이 주
제는 미감 측면과도 관련이 깊어 상세하게 논의해볼 필요가 있다.

웹사이트 디자인에 쓰일 사진, 아이콘, 그림을 고르는 과정에서는 이 책
의 처음 몇 장에서 다룬 디자인 원리를 기본적으로 이해하고 있어야 한다.
그림 5.1을 예로 들어보자. 이 페이지의 주제를 묘사하는 아이콘으로 카메
라 이미지를 사용하고 싶다. 그런데 나는 카메라의 종류보다 이미지의 각
도를 더 중요하게 생각했다. 카메라가 향하는 방향은 이 페이지에서 움직
임의 감각을 만들어내기에 효과적이다. 카메라가 정면을 향하면 페이지는
그런대로 괜찮아 보이나 정적인 느낌일 것이다. 오른쪽을 향한다면 여러
분의 시선이 페이지 내의 콘텐츠보다 페이지 밖으로 자연히 흐르게 될 것이
다. 이 현상은 1장에서 설명한 강조의 원리와 연결된다. 페이지 상단에
배치한 카메라는 사람들 눈에 확실히 띌 것이다. 이미지를 따로 배치하면

더 강력한 초점이 된다. 마지막으로 렌즈의 방향이 연속선을 형성해 페이지상에 있는 그다음 초점을 결정한다.

이 장의 마지막 부분을 읽을 때쯤이면 여러분은 이런 개념을 이해하고 디자인에 적용할 방법을 알게 될 것이다.

무엇을 찾아야 하는가

백문이 불여일견이라는 옛말은 웹에서도 통하는 진리다. 사진과 그림은 시선의 미끼가 되어 지나는 사람들을 여러분이 만든 콘텐츠로 끌어들인다. 반면에 부적합한 이미지나 적합하더라도 조잡한 이미지는 웹사이트의 매력을 오히려 해칠 수 있다. 사진이나 그림을 보는 모든 사람은 개인의 배경과 경험에 따라 그 이미지를 다르게 본다. 한 사람이 이미지로부터 뽑아내는 천 마디 말은 다른 사람이 떠올리는 천 마디 말과 완전히 다를 수 있다.

웹사이트의 콘텐츠나 레이아웃에 포함할 이미지 또는 그림을 고르기 전에 자신에게 다음의 세 가지 질문을 던져보자.

관련성이 있는가?

주제와 관련된 이미지는 디자인에 흥미를 더하면서 웹 페이지 콘텐츠의 가치를 더 향상시킬 수 있다. 시각적 표지 역할을 하여 방문자가 페이지의 내용을 기억할 수 있게 돕고, 돌아왔을 때 봐야 할 위치도 기억할 수 있게 돕는다. 그림 5.2에 나온 그로브메이드Grovemade[1]의 수공예품 홍보용 페이지를 보자. 배경 사진은 눈으로 봐도 매력적이며 콘텐츠와 관련도 있다. 다른 이미지라면 줄 수 없을 작업장의 분위기와 개성을 더하고 있다. 이런 논리는 사람들 대부분이 콘텐츠에 맞는 이미지를 고를 때 생각하는 규칙이다. 그러나 관련성은 이미지를 선택할 때 고려할 하나의 작은 요인일 뿐이다.

---

1   http://grovemade.com/

그림 5.2 Grovemade의 수공예품 홍보용 페이지

흥미로운가?

디자인의 시각적 요소와 콘텐츠 간의 관련성을 유지하는 것도 중요하지만, 그걸 항상 일순위에 놓는 일은 피해야 한다. 관련성 있는 이미지에 치중할 때 생기는 문제는 상상력이 부족하다는 함정에 빠지기 쉽다는 것이다. 진부함cliché이란 대개, 이미지를 선택할 때 상상력이 부족해서 생기는 법이다.

텍사스-멕시코식 레스토랑 웹사이트를 디자인한다고 할 때, 여러분이 곧장 고르게 되는 이미지는 무엇일까? 나는 본능적으로 '나초를 먹는 즐거운 사람들' 이미지를 떠올릴 것이다. 그러나 그림 5.3의 티화나 플랫츠Tijuana Flats[2] 웹사이트에서는 이런 이미지를 찾아볼 수 없다. 오히려 우리는 전혀 예상하지 못한 분위기를 만나게 된다. 옛날 오락실에서 보던 게임 화면이 웹사이트 인터페이스로 사용되었다. 이 사이트는 기발하다. 오락기 버튼이 소셜 미디어 버튼으로 사용되었고, 화면 왼쪽 위에 있는 CAREERS 링크는 실제 오락실 티켓처럼 마우스를 올렸을 때 미끄러져 나온다. 레스

---

2   http://www.tijuanaflats.com/
    (옮긴이) 이 책이 출판된 후 사이트 디자인이 바뀌었다.

토랑의 홍보와 주요 정보는 게임 화면에 나타나 있다. 주제 면에서는 텍사스-멕시코식 레스토랑과는 관련이 없지만, 디자인 전체가 복고풍 게임의 분위기를 잘 드러내고 있다.

그림 5.3 Tijuana Flats는 관습의 굴레를 깨고 있다

매력적인가?

심미적 또는 감성적으로 끌리는 이미지는 효과적으로 주의를 끌고 강조를 만든다. 문제는 아름다움과 매력이 모두에게 다르다는 점이다. 여러분이 디자인하는 사이트의 주제와 목표로 삼는 사용자에 따라서 매력적인 이미지란, 모자 그림일 수도 있고 도시경관을 찍은 파노라마, 또는 귀여운 만화 캐릭터일 수도 있다.

매력적인 이미지는 레스토랑, 레시피, 출장 서비스를 다루는 사이트에서 특히 중요하다. 웹사이트에 선보인 그림이 고객의 입에 침이 고이게 하지 못하면 고객은 그 상품을 먹거나 요리하거나 주문하지 않을 것이다. 그림 5.4의 올리비아 레스토랑Olivia Restaurant[3] 사이트에 있는 이미지는 놀랍다. 당장에라도 차에 올라 가장 가까운 지점으로 달리고 싶게 만든다. 이

3 http://oliviarestauranter.no/

미지는 이곳이 훌륭한 레스토랑이라는 사실만 나타내는 것이 아니라, 그곳에서 일어날 굉장한 경험도 기대하게 한다. 셰프는 그저 평범한 요리사로 보이기보다 놀라운 솜씨를 자랑하는 장인 같아 보인다.

그림 5.4 Olivia Restaurant: 멋진 레스토랑 사진

관련성, 흥미와 매력은 모두 주관적이다. 그러나 가끔 주관성과 미적 감각이 필요할 때가 있다. 프로젝트에 적합한 이미지라고 생각되면 밀고 나가자. 나라면 웹사이트에서 괴물, 끈적한 점액, 외계인 등의 이미지는 대체로 사용하지 않을 것이다. 그러나 앞에서 본 것처럼 고객과 목표 사용자가 정확하다면, 그것이 옳은 디자인 방향성일지도 모른다. 디자인에 사용할 이미지를 선택할 때 여러분은 앞의 3가지 질문 중 적어도 2개 이상에는 '그렇다'고 대답할 수 있어야 한다. 왜 3가지 모두가 아닌가? 간혹 매력적이고 흥미롭지만, 콘텐츠와는 아무 관련 없는 이미지를 넣는 것도 재미있기 때문이다. 그림 5.5에 새떼가 그물에 고래를 실어가는 그림, 즉 트위터의 그 유명한 '실패 고래fail whale' 그림처럼 말이다.

그림 5.5 Twitter의 '실패 고래'

이미지의 합법적인 출처

그렇다면 웹사이트 프로젝트에 사용할 만한 흥미롭고 매력적이면서 주제와도 관련 있는 이미지를 어디에서 얻을 수 있는가? 여러분에게는 세 가지 선택권이 있다. 본인이 직접 만들든지, 이미지를 구매하든지, 전문가를 고용하는 것이다. 여러분의 선택은 예산과 고객의 필요 그리고 여러분 자신이 가진 기술에 따라 달라진다.

찍거나 만들거나

카메라로 직접 사진을 찍거나 그림을 만들면, 개인적으로는 나와 고객 모두가 이득을 보곤 했다. 가까운 곳에 있는 고객의 웹사이트에 사용할 사진이 필요하면 나는 사무실을 탈출해 다른 일을 시도해볼 기회를 얻는다. 상품, 식당, 공장, 아파트, 무술 도장, 상점 앞 등을 찍어볼 기회가 생기는 것이다. 심지어 프로젝트 시간이 촉박했는데도, 골프 코스를 촬영하기 위해 어느 날 아침 골프 카트를 타게 되기도 했다. 그러나 재미있는 바깥나들이 이상의 장점이 있다. 고객들도 보통 이 방법을 좋아한다. 내가 프로젝트의 모든 단계에 참여하길 원한다고 느끼기 때문이다. 그리고 전문 사진가를 고용하는 것보다 비용도 적게 들 수 있다.[4]

---

4   여러분 자신이 사진가가 아니라 생각할지 몰라도, 좋은 사진을 찍는 것도 디자인처럼 배울 수 있는 기술이다. 사이트포인트(SitePoint)에서 출간한 『웹을 위한 사진 찍기(Photography for the Web)』가 참고할 만하다. (http://www.sitepoint.com/books/photography1/)

그림이나 애니메이션도 마찬가지다. 대부분의 사이트 디자인에는 어느 정도 그림이 들어가게 된다. 아이콘, 버튼, 배경, 기본 그림, 로고와 같은 부분에 대해서는 여러분이 손수 고객의 필요를 채우려고 노력할 것이다. 메시지를 정확히 전달해야 한다고 해서 그림이 꼭 복잡하거나 시간이 많이 드는 작품일 필요는 없다. 그림 5.6에 나오는 디자인 회사 디자인질라 Designzillas[5]의 웹사이트를 보자. 공룡을 그린 만화는 복잡한 형태는 아니지만, 회사 마스코트로서 우리의 시선을 사로잡는 역할을 톡톡히 한다. 밝은 초록색과 노란색이 배경의 검은색과 잘 어울리기도 한다.

그림 5.6 사나운 공룡이 있는 Designzillas 사이트

스스로 만드는 방법이 해결책이 되지 않을 때도 있다. 고객에게 필요한 그림이 내 능력 밖일 수도 있고, 자신 있게 맡기에 너무 복잡하다고 느낄 수 있다. 고객이 원하는 특정 사진을 구할 수 없거나, 그들이 원하는 이미지의 화질이 내가 가진 장비로는 감당할 수 없는 수준일 수도 있다. 그럴 때 내가 가장 먼저 떠올리는 차선책은 유료 사진이나 그림을 찾는 것이다.

5 http://www.designzillas.com/

이미지 구매하기

시간이 없거나 자신이 직접 이미지를 제작할 능력이 없다면 사진 판매 사이트에서 원하는 것을 찾아봐도 좋다. 이런 사진 출처들은 특정 고객이나 프로젝트보다는 범용적인 용도로 만들어진 사진이나 그림으로 구성되어 있다. 사용료를 내면 (가끔은 무료로) 여러분의 프로젝트에 어울릴 이미지를 찾아 사용할 수 있다.

프로젝트의 주제나 예산에 따라서 디자인에 어울리는 이미지와 사진을 찾는 일이 까다로울 수 있다. 여러분의 프로젝트에 동물 사진, 경치 좋은 휴양지, 사무용품, 얼마간의 무생물 사진이 필요하다면 원하는 것을 찾기가 비교적 쉬울 것이다. 사진 사이트들은 이런 종류의 사진을 많이 보유하고 있다. 그런데 인물 사진을 찾는 일은 더 어렵다. 그림 5.7의 브로셔 닌자Brochure Ninjas[6] 사이트에 올라있는 사진 같은 새파란 눈에 손등을 덮는 긴 소매 옷을 입은 소녀 사진을 찾기는 힘들 것이다. 게다가 사진 사이트 대부분은 사람 얼굴이 찍힌 이미지를 올릴 때는 그 모델의 서명을 등록하도록 사진작가에게 요구하고 있다.

그림 5.7 Brochure Ninjas에 나오는 것과 같은 인물사진은 값이 비싸다

6 http://www.brochureninjas.com/

그래서 질 좋은 인물 사진을 구할 때는 어느 정도 돈을 낼 생각을 해야 한다. 마지막으로, 상품 로고나 현재의 유명인사, 유명한 미술작품의 사진이 필요할 때도 선행해야 할 일이 있다. 이런 종류의 이미지는 검색엔진에서 쉽게 얻을 수 있지만, 전문적인 프로젝트에 사용하려면 아주 상세한 라이선스 내용에 동의해야 한다.

⭕ 이미지 사용 지침을 반드시 확인하자

이미지 사용에 제약이 없다 하더라도, 여러분이 사용하려는 이미지가 사이트에서 제시하는 라이선스의 지침을 지키는지 분명히 확인해야 한다. 이미지 출처들의 지침이 모두 다르기 때문에 이미지를 찾기 전에 그 내용을 먼저 확인하는 것이 좋다. 어떤 갤러리는 개인적, 비영리적 목적까지도 사용을 제한하기도 한다.

완벽한 이미지를 찾는 임무를 수행하기 전에 해야 할 또 다른 질문은, '가격을 얼마나 낼 의향이 있는가?'이다. 사진 한 장의 사용금액은 무료에서부터 수백 달러에 이르기까지 범위가 상당히 넓다. 예상했겠지만 무료 이미지의 질은 보통 유료 이미지보다 현저하게 낮다. 무료 이미지로도 충분할 수 있지만, 마음에 드는 사진을 찾기 전에 형편없는 것들을 살펴보느라 진이 먼저 빠질 것이다. 비싼 이미지도 마찬가지다. 사진 한 장에 500불을 낼 의향이 있다고 해서 90년대 초 인조 목재로 계기판을 만든 크라이슬러 소형차가 아닌 최고급 페라리를 구할 수 있다는 보장이 없다는 뜻이다. 핵심은 이미지의 사용료가 아니라 원하는 이미지를 찾는 것이다. 고가라도 이미지를 빨리 찾을 수 있다면 디자인에 더 시간을 쏟을 수 있을 것이다.

사진 사이트는 3가지 유형이 있다. 바로 무료, RF_{royalty-free}, RM_{rights-managed}이다. 이제부터 하나씩 자세하게 살펴보자.

무료 이미지

'세상에 공짜란 없다'는 말은 어디에든 적용되지만, 특히 이미지의 세계에는 더욱 잘 들어맞는다. 훌륭한 무료 이미지가 많지만, 그런 이미지를 만드는 데 누군가는 장비와 시간을 투자하고 있다. 그런데 왜 사진작가들이 이 모든 것을 무료로 제공하겠는가? 재능 있는 음악가들이 무료 MP3를 출시하고 프로그래머들이 오픈 소스 프로젝트에 시간을 들이는 것과 같은 이유다. 자신이 좋아하는 일을 하면서도 자신의 작품을 알려 더 많은 사람이 즐길 수 있도록 만들 기회이기 때문이다.

무료로 사진을 제공하는 곳 중에서 이미지를 가장 많이 보유하고 있는, 그리고 내가 가장 자주 이용하는 서비스가 그림 5.8에 나오는 프리 이미지 Free Images[7]다.

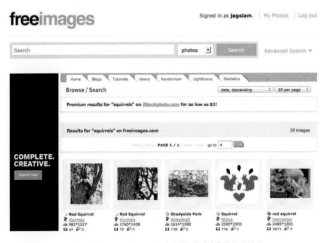

그림 5.8 Free Images는 이미지를 찾기에 훌륭한 출처다

프리 이미지에는 사용자들이 등록한 고품질의 이미지가 400,000개가 넘는다. 사이트 데이터베이스의 품질과 적절성을 보장하기 위해서 사이트 관리자들이 등록 신청된 이미지를 내보내기 전에 확인 과정을 거친다. 프리 이미지에서 이미지를 내려받을 때는 이미지에 따르는 제약 사항을 반드시 확인해야 한다. 데이터베이스에 있는 이미지 대부분은 제약이 없어서 개인적 또는 상업적 용도 모두에 사용할 수 있다.

7   http://www.freeimages.com/

보유한 사진의 양이 사이트의 유용성에 결정적인 역할을 한다. 한 검색어에 대해서 사진이 더 많이 나올수록 쓸 만한 사진을 찾을 가능성이 크다. 온라인에서 무료 사진을 제공하는 곳이 많지만, 대부분은 보유한 이미지 양이 현저하게 적거나 그나마 취급하는 주제가 한정적이다. 틈새시장을 노리는 이미지 사이트로는 올드북 일러스트

Gentiane jaune (*gentiana lutea*).

그림 5.9 Old Book Illustrations에서 가져온 이미지

레이션Old Book Illustrations[8]이 있다. 이 사이트에는 그림 5.9에 나온 것처럼, 오래되어서 저작권이 소멸해 공개적으로 공유가 가능한 작품이나 그림을 스캔하여 올린 것이 많다. 그런 공유 이미지를 구할 만한 사이트 목록은 위키피디아의 '공유 저작물 이미지 출처 목록'[9]에서 찾을 수 있다.

적합한 이미지를 찾느라 시간을 허비해 본 사람이라면, 필요한 이미지를 찾는 일에서 좌절감을 맛볼 수도 있다는 사실을 알 것이다. 가끔 디자인하는 것보다 이미지 찾기에 더 많은 시간을 쓸 수도 있다. 그런데 고객 프로젝트를 진행 중일 때는 그렇게 시간을 낭비할 여력이 없다. 원하는 이미지를 얻기 위해서 약간의 돈을 낼 의지가 있다면 이미지를 찾는 과정이 더 쉬워진다. 그때가 유료 이미지를 떠올릴 때고, 유료 이미지는 보통 RFRoyalty-free나 RMRights-managed, 두 가지 방식으로 사용료를 책정한다.

RF 이미지

여러분이 생각하는 것과 다르게 RFroyalty-free 이미지는 무료로 사용할 수 있는 이미지가 아니다. 이 용어는 이미지 라이선스의 세부 사항과 관련이 있다. RF 이미지 라이선스는 한 장의 이미지에 대해 사용료를 일 회, 선불로

8   http://www.oldbookillustrations.com/
9   http://en.wikipedia.org/wiki/Wikipedia:Public_domain_image_resources

지급하는 것이다. 로열티royalty라고 불리는 사용료를 더 내지 않고도 구매한 이미지를 고객이나 프로젝트에 사용할 수 있게 허용한다. 예상하겠지만 이 방법은 같은 이미지가 반복적으로 필요한 디자이너, 사용 권리를 협상하는 귀찮은 상황을 피하려는 디자이너들에게 인기가 높다. RF 사진을 살 수 있는 가장 유명한 사이트는 그림 5.10의 아이스톡포토iStockphoto[10]다.

더 큰 사진 사이트들은 주로 전문 사진작가의 콘텐츠만 취급하는데, 아이스톡포토는 누구나 자신의 사진이나 그림뿐 아니라 오디오 또는 비디오까지 올려 판매할 수 있게 해준다. 아이스톡포토 콘텐츠의 품질과 다양성을 유지하기 위해 사이트 관리자들은 고화질의 이미지만 받는다. 또 이미지의 보유량이 이미 충분한 주제에 대해서는 추가 콘텐츠를 거절하기도한다.

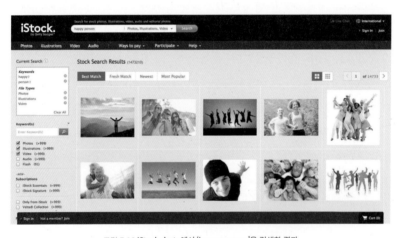

그림 5.10 iStockphoto에서 'happy person'을 검색한 결과

프리 이미지와 아이스톡포토의 이미지들이 질적인 면에서 차이가 나는 이유는 간단하다. 아이스톡포토는 작가들에게 보상을 제공하기 때문에 고품질 콘텐츠가 더 많이 올라온다. 여기서는 크레딧credit 시스템을 사용해 이미지를 구매한다. 회원으로 가입하면, 축제 티켓을 사는 것과 비슷한 방식

---

10 http://www.istockphoto.com/

으로 크레딧을 살 수 있다. 크레딧의 가격은 $1에서부터 $1.50까지 다양하다. 크레딧을 많이 구매할수록 한 크레딧에 대한 가격은 저렴해진다. 아이스톡포토에서는 이미지가 보통 2에서 25크레딧 정도 하는데, 이미지의 크기에 따라 다르다. 물론 25크레딧보다 비싼 이미지도 있다. 여러분은 이미 한 크레딧의 가격이 $1.50일 때 25크레딧짜리 이미지는 하나에 $37.50이나 한다고 머릿속으로 계산을 마쳤을 것이다. 그런데 웹에서는 보통 10크레딧 이하의 작은 이미지면 충분하다. 아이스톡포토와 비슷하지만 조금 더 저렴한 서비스로는 드림스타임Dreamstime[11]이 있다. 원래 나는 아이스톡포토를 주로 이용했는데, 드림스타임에서도 원하는 이미지를 곧잘 찾을 수 있다는 것을 알게 되었다. 또 이 사이트에는 무료 이미지도 많이 늘어나고 있다.

다량의 이미지를 내려받을 계획이라면, 한 장에 2크레딧 정도라도 이미지별로 값을 계산하면 비싸질 수 있다. 크레딧 시스템의 대안은 구독 서비스를 찾는 것이다. 몇몇 유료 사진 제공처들은 이미지를 낱장으로 판매하지 않고, 한 달 구독료를 받고 그 기간 내에 필요한 이미지를 마음껏 받아 갈 수 있게 한다. 디파짓포토Depositphotos.com[12]와 서터스톡Shutterstock[13]이 그런 제공처에 해당한다. 이런 서비스에는 보통 한 달에 100불씩 들기는 하지만, 여러 달 구독권을 한 번에 구매하는 소비자에게는 할인 혜택도 준다.

RM 이미지

유료 사진 서비스의 세 번째 유형은 RMrights-managed으로 알려져 있다. 이 유형은 다른 서비스에 비해 비쌀 수 있다. 사업의 크기에 따라, 이미지를 볼 사람 수에 따라, 사진이 사용될 기간에 따라 사용료를 내기 때문이다. 규모가 큰 사진 제공처들은 고급 이미지에 RM을 적용한다. 예를 들어, 코

---

11 http://www.dreamstime.com/
12 http://depositphotos.com/
13 http://www.shutterstock.com/

빅스_{Corbix}¹⁴와 게티이미지_{Getty Images}¹⁵ 서비스에서 RM에 해당하는 사진들은 보통 품질이 아주 전문적이다.

라이선스 권리를 주관하는 회사는 누가 어떤 이미지를 얼마나 오래 사용하는지 알 수 있다. 그래서 여러분 고객의 경쟁자가 여러분이 고객의 사이트에 사용한 이미지와 정확히 같은 이미지를 홈페이지에 사용할 확률은 극히 낮을 것이다. RF 이미지가 어마어마하게 많은 탓에 이런 일이 있을 것 같지 않지만, 사람들이 알아보든 알아보지 못하든 이런 상황은 항상 일어난다. 틴아이_{TinEye}¹⁶는 특정 이미지가 얼마나 널리 사용되고 있는지를 확인하는 좋은 방편이다. 이 서비스는 브라우저 플러그인으로 만들어졌다는 장점을 내세우며, 역 이미지 검색엔진임을 자부한다. 알아보려는 이미지 위에서 간단히 우측 클릭하면 보유하고 있는 약 20억 개의 콘텐츠 중에서 맞는 것을 찾는다. 그림 5.11에서 보듯이 원본 이미지를 크게 수정한 이미지까지도 찾아준다. 고객 상담 센터에서 일하는 여성 직원이 헤드셋을 쓰고 있는 이미지는 유료 사진 사이트에 대단히 많다. 이런 이미지는 심히 남용되며 상투적임을 기억하고 사용하기 전에 한번 더 신중하게 생각해야 한다. 사업가들이 모여 악수하는 사진도 마찬가지다. 재미있는 점은 틴아이 사이트 사이드바에 있는 광고에도 헤드셋을 쓴 여성 사진이 있다는 것이다. 이 사진은 정말, 어디에나 있다!

RM 사진에 추가로 돈을 들이면 여러분과 여러분의 고객이 이런 상황을 피할 수 있지만, 사실 배타적 사용을 확실하게 보장해주진 않는다. 배타적 사용이 필요하다면, 가장 좋은 방법은 전문 사진작가를 고용하는 것이다.

전문가의 도움 받기

이 귀찮은 과정을 해소할 요량으로 전문 사진작가를 고용한다면, 상업용 사진에 경험이 있는 사람 그리고 여러분이 원하는 유형의 사진을 찍을 수

---

14 http://www.corbisimages.com/
15 http://www.gettyimages.com/
16 http://www.tineye.com/

그림 5.11 인기 있는 iStockphoto의 이미지를 TinEye에서 검색한 결과

있는 사람을 찾는 것이 중요하다. 예를 들어, 사촌 결혼식에서 시동생이 흘리는 눈물을 멋지게 포착한 사진작가라면 인물 사진과 특별행사 사진을 잘 찍을 테고, 반면에 건축물이나 상품 사진에 대해서는 잘 모를 수 있다.

상업적인 사진을 잘 찍는 작가를 찾는 가장 좋은 방법은 다른 사람으로부터 추천을 받는 것이다. 전문 사진작가를 고용해 본 다른 회사를 알고 있다면, 평소에 왜 그 작가와 같이 일하는지 물어보고 함께 했던 경험에 관해서 물어보자. 물을 곳이 없다면 지역 전문가 협회를 찾아가 봐도 좋다. 여러분이 미국에 있다면 미국 사진 예술가 협회APA, American Photographic Artists[17] 웹사이트를 먼저 찾아보자. APA는 등록된 사진작가들의 경력과 포트폴리오를 보여주고 있어 여러분이 그들의 역량을 확인해볼 수 있다.

비용을 정확히 가늠하려면 제안서를 요구할 때 구체적인 사항들까지 명시해야 한다. 여러분에게 필요한 모든 장면을 세세하게 포함시킨다. 작업실 밖의 공간을 원한다면 선호하는 장소를 얘기하고, 가능하면 모든 사진

17 http://www.apanational.com/

을 하루에 찍을 수 있도록 필요한 것(모델, 장소, 의상 등)을 준비한다. 작가들은 대부분 하루 또는 반나절 단위로 보수를 받는다. 보수는 시장의 가격과 작가의 경력에 따라 다양하지만, 보통은 약 1,000달러에서부터 몇천 달러까지 이를 수 있다. 또 하나, 사진작가의 저작권과 사용 지침에 대해서도 생각해야 한다. 작가들은 대부분 사용료를 받으면 사진 원본에 대한 완전한 소유권을 여러분의 고객에게 줄 것이다. 어떤 작가는 상업적 용도로 사용하는 경우에 작가 정보를 표기해주길 바란다. 또 일부는 자신이 찍은 사진에 대해 독점적 권리를 유지하려고 할 수도 있고, 사진을 사용할 때마다 사용료를 받을 수도 있다. 가능하면 소유권과 사용 허가를 완전히 받는 것이 좋지만, 이런 유형의 계약에는 비용이 더 들 수도 있다는 점을 염두에 두자.

전문 삽화가를 고용할 예정이라면, 하이어 언 일러스트레이터Hire an illustrator![18]를 찾아보면 좋다. 이 사이트는 300명이 넘는 예술가를 관리하며 이름, 스타일, 매체 또는 지역에 따라 적합한 사람을 쉽게 찾게 해준다. 그러나 사진작가를 고용할 때와 같이 가장 좋은 방법은 역시 입에서 입으로 전해지는 추천을 받는 것이다. 예전에 사우스 캐롤라이나 컬럼비아Columbia에서 '컨버지 SEConverge SE'[19] 웹 콘퍼런스 주최를 도운 적이 있다. 나는 이 콘퍼런스의 성공과 유명세가 이전 사이트에 있었던 조반니 디페터리치Giovanni DiFeterici의 그림, '합체 생물' 덕분이라고 생각한다. 그림 5.12에 나온 홈페이지의 샥토퍼스sharktopus가 그것이다.

나는 조반니 외에도 많은 디자이너, 개발자, 사진작가, 애니메이션 작가, 비디오 작가 등을 지역 사용자 모임에서 만났다. 여러분이 대도시 근처에서 산다면 관심 있는 분야의 웹, 기술 또는 디자인 산업 등에 종사하는 사용자 그룹을 찾을 수 있을 것이다. 이런 모임에서 여러분은 다음 프로젝트를 완성하는 데 필요한 재능을 찾을 수 있을 뿐 아니라 여러분의 팀원으로 고용할 만한 사람까지도 찾을 수 있을 것이다.

---

18 http://hireanillustrator.com/i/
19 http://convergese.com/

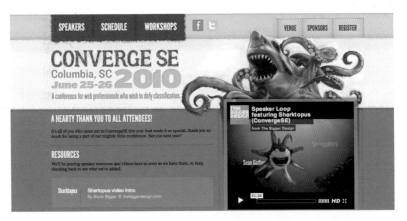

그림 5.12 Sharktopus가 있는 Converge SE 사이트

프리 이미지 같은 무료 사진 사이트에서 구했든, 전문 사진가가 찍었든, 이미지를 어디서 구하든 최종 선택권은 여러분의 고객에게 있어야 한다. 비록 여러분도 고객의 회사를 가장 잘 나타내는 이미지를 고르려 하겠지만, 고객이 그 의견에 동의하지 않을 가능성도 있다. 필요하면 고객의 의견을 수용하고 언제나 계획을 바꿀 준비를 해야 한다. 좋은 결과물을 만들고 합법적으로 이미지를 구하는 한 여러분의 노력은 결실을 보고 고객은 감명을 받을 것이다.

좋지 않은 인상을 남기는 행동

여러분의 프로젝트에 유용하게 쓰일 이미지를 찾을 만한 출처를 몇 가지 소개했다. 이제는 이미지를 갖고 오면 안 되는 곳을 얘기할 차례다.

구글 갱킹

웹 디자이너인 여러분은 제작 중인 웹사이트와 관련된 주제를 구글 이미지 검색에서 찾아 영감을 얻는 경우가 있을 것이다. 자전거 상점 웹사이트를 만드는데, 상점 주인이 여러분에게 사용할 이미지를 제공하지 않았다고 가정하자. 산악자전거, 자전거 경주, 도로 자전거 또는 기타 관련 주제로 이미지를 검색하면 자전거에 대한 시각적 이해를 얻고 사이트에 사용할 이미지 유형에 대해서도 아이디어를 얻을 수 있다. 보통은 이렇게 검색해서 여러분의 디자인에 어울릴 만한 이미지를 찾을 수 있다. 몇몇 사진은 컴퓨터에 따로 저장한 후 포토샵에서 필요에 맞게 자르거나 크기를 바꾸고 수정하면 좋겠다는 생각도 들 것이다. 이것을 바로 '구글 갱킹Google ganking'이라고 하며, 웹 디자인계에서 꽤 심각한 문제다. 웹사이트에 있는 이미지들에 특별히 무료로 또는 공개적으로 사용 가능하다고 명시되지 않은 한, 그 이미지의 저작권은 사이트 주인에게 있을 것이라 예상하고 사용 허가를 받아야 한다. 누군가 이미지를 떼어가도 그 주인이 모를 것으로 생각할 수 있지만, 알게 된다면 고객에게 사용 정지 명령이 발송되거나 심하게는 소송을 당할 위험을 감수해야 한다.

플리커Flickr를 검색해서 얻을 수 있는 이미지도 대부분 마찬가지다. 플리커 이미지는 대부분 이미지를 올린 사람에게 저작권이 있지만, 사용자들이 원하면 표준 크레이티브 커먼스Creative Commons, CC 라이선스[20]를 부여할 수 있게 해준다. CC 라이선스 중 한 옵션은 이미지의 상업적 사용을 허용한다. 그림 5.13은 상업적 용도가 허가된 다람쥐chipmunk 이미지에 대한 검색결과를 보여준다. 그림 5.8의 프리 이미지 사이트에서 했던 것과 같은 검색인데, 프리 이미지에서는 50건의 결과를 얻었지만 플리커의 검색 결과는 2,423건이다. 유료 이미지 사이트 대신, CC 라이선스 플리커 이미지를 제공하는 사이트를 소개하는 이유를 여러분은 알 것이다. 아주 좋은 사진 제공처로서 유료 사진 사이트의 훌륭한 대안이 될 수 있기 때문이다. 플리커에서 사용하는 이미지는 모두 최소한의 저작자 표시attribution를 요구한다. 플리커의 이미지를 사용할 때마다 출처 링크를 제공하지 않으면 도용하는 것과 다름없다.

핫링크

자신이 만든 디자인이나 이미지가 도용되는 것보다 디자이너들이 싫어하

---

[20] http://www.flickr.com/creativecommons/
(옮긴이) CC 라이선스에 대한 설명은 여기서 볼 수있다. http://www.cckorea.org/xe/ccl

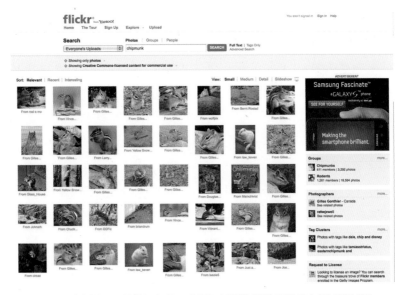

그림 5.13 상업적 용도로 사용할 수 있도록 CC 라이선스가 적용된 다람쥐 사진을 Flickr에서 검색한 결과

는 게 있다면, 바로 그 사이트에서 디자이너 서버에 저장된 파일에 링크를 거는 일이다. 웹사이트에 사용되는 이미지는 보통 사이트가 사용하는 웹 서버에 함께 저장되고, 다음과 같은 방식으로 링크된다.

```
<img src="/images/image.jpg" alt="Image Description" />
```

그러나 이미지 전체 url을 아래와 같이 사용하면 웹사이트 밖에서도 이미지를 링크할 수 있다.

```
<img src="http://www.somesite.com/images/image.jpg" alt="Image Description" />
```

앞서 얘기한 자전거 상점을 다시 예로 들어, 우리가 특정 브랜드와 모델에 해당하는 자전거 사진을 구한다고 가정해보자. 원하는 이미지를 자전거 제작사 사이트에서 발견해서 그것을 사용하고 싶다. 제작사에 이미지를 요구하거나 상품 이미지를 내려받아 고객의 웹 서버에 올려놓지 않고, 제작사 사이트에 있는 이미지에 곧장 링크를 걸기로 한다. 이 애매한 방식을 바로 '핫링크hotlinking'라고 한다.

저작권 문제는 둘째로 치더라도, 핫링크는 이미지가 위치한 웹사이트의 대역폭을 이용하는 방식이다. 대부분 호스팅 계정은 대역폭이 한정되어 있고 추가하는 비용이 비싸다. 현실 세계에 비유하면 핫링크는 다른 사람의 휴대전화 통화시간을 사용해 전화를 거는 것과 같다. 웹 전문가 대부분은 핫링크가 크게 잘못된 일이라는 사실을 안다. 그러므로 핫링크를 거는 사람은 대개 포럼 사용자, 블로거, 마이스페이스MySpace 사용자처럼 달리 더 좋은 방법을 모르는 이들이 아닐까 생각한다. 이전에 잘 몰랐다면 이제 알아두자. 핫링크 이미지에 따르는 다른 문제들도 많다. 링크된 이미지가 저장된 곳에서 삭제될 수도 있고 언제든지 저속하고 민망한 사진으로 바뀔 수도 있다.

클립아트

무료 이미지 외에 아주 싼 클립아트와 그림 패키지를 제공하는 웹사이트도 많다. 상표도 없는 저급한 이런 그래픽은 사내 게시판 또는 직접 만들 카드에는 적합할지 모르지만, 전문적인 프로젝트에는 사용하지 말아야 한다고 생각해야 한다.

그림 5.14 **클립아트를 사용하면 여러분이 이렇게 될지도 모른다**

내가 말을 너무 심하게 한다고 할지 모르지만, 잠시 생각해보자. 여러분은 별 다섯 개짜리 식당에서 일회용기에 나오는 인스턴트 감자 요리를 기대하는가? 물론 아니다! 신선한 재료로 하나하나 만든 음식을 기대할 것이다. 디자이너로서 여러분은 고객을 위해 독창적이고도 멋진 음식을 요리할 의무가 있다. 유료 사진도 그 품질이나 '신선도'가 미심쩍을 때가 있지만, 진부하고 상투적인 클립아트로 인해 좋은 디자인에 흠집이 나는 것보다는 낫다. 고객이 클립아트나 촌스럽게 움직이는 GIF를 사용해달라고 하면 조금은 밀쳐내야 한다. 고객이 여러분에게 디자인을 맡겼다면, 여러분은 사이트를 보기 좋게 만들어줄 방법에 관해 피드백을 제공할 의무가 있다는 것을 기억하라. 그러나 궁극적으로는 고객이 언제나 옳다는 사실도 잊지 말아야 한다. 때로는 고객이 특정 디자인을 강요할 때도 있는데, 그럴 때는 고객의 뜻에 따르자. 인스턴트 감자 요리를 정말 좋아하는 사람도 있으니 말이다.

디자인에 쓸 이미지를 잘 골랐다 하더라도 생각해야 할 중요한 요소가 하나 더 있다. 이미지를 제시하는 방식이다. 사이트에 넣은 이미지 형식을 정할 때, 제시하는 방식은 여러분이 선택한 레이아웃이 갖는 제약에 따라 달라질 수 있다. 예를 들어, 이미지 크기는 그리드상에서 사용 가능한 사각형의 크기에 따라 결정된다. 이미지를 어떻게 자를지, 테두리나 액자 효과를 더할지, 또 다른 시각적 효과를 더할지 정하는 것은 모두 디자이너가 할 일이다.

창의적으로 사진 자르기

이미지를 제시할 때 깊은 인상을 주는 비결은 포함할 요소와 제거할 요소를 지혜롭게 선택하는 데 있다. 이 과정을 '크로핑cropping'이라 하며, 이미지를 다루는 아주 기초적인 기술이다.

가장 기본적인 수준의 크로핑은 사진에서 불필요하거나 보기 흉한 부분을 제거하는 것이다. 그림 5.15는 사우스 캐롤라이나의 찰스턴Charleston이라는 도시를 아내와 거닐다가 찍은 사진이다. 그런대로 괜찮은 사진이지만, 맨 앞에 있는 사람들이나 오른쪽 그림자 진 부분을 가로지르는 전선이 시선을 방해한다.

사진의 아래와 오른쪽을 조금씩 잘라내면, 전체적으로 이미지가 덜 바쁜 여느 휴일의 느낌이 든다. 원본 사진에서는 원근감에 의해서 교회 첨탑이 초점이었지만, 주의를 분산시키는 요소가 너무 많았다. 이미지를 잘라낸 후에도 초점은 여전히 첨탑에 있지만, 1장에서 얘기했던 3등분의 법칙 덕분에 이차적인 초점으로 쇼핑객이 금방 들어온다. 첨탑이 이제는 구도의 중심에 있지 않지만, 빌딩의 꼭대기들을 연결하는 가상의 선, 도로 가장자리를 지나는 선, 심지어 도로의 중앙선까지 모두 첨탑으로 향하고 있다. 중앙을 벗어난 요소가 초점 역할을 하기 때문에 이미지의 구도는 한층 더 흥미로우며, 의도적으로 균형을 잡은 듯한 느낌이 든다.

그림 5.15 Charleston 시가지를 찍은 원본 그대로의 사진

그림 5.16 잘라낸 Charleston 사진

어떤 감정을 표현하거나 흥미로운 관점을 보여주거나, 또는 이미지가 주는 전반적인 메시지를 바꾸려 할 때는 평범하지 않은 방법으로 이미지를 자를 수 있다. 그림 5.17을 보면 기타 연주자의 사진을 기타의 몸통만 보일 만큼 잘라내었다. 이로써 이미지는 음악 공연에 녹아있는 움직임의 느낌을 강조함과 동시에 익명의 느낌을 제공해 더 많은 사람이 이미지에서 영감을 받을 수 있도록 돕는다.

그림 5.17 감정과 움직임을 더하기 위해서 빠듯하게 자른 이미지

방금 본 기타 사진처럼 이미지를 빠듯하게 자를 때에는 이미지 전체 크기를 파악하고 있어야 한다. 사진의 아주 작은 부분만 잘라내어 확대하는 경우, 이미지의 화질이 너무 낮으면 잘린 이미지에는 화소가 보이게 된다.[21] 다행히 웹에 사용할 이미지는 인쇄물에 사용할 이미지보다 화질이 낮아도 괜찮다. 그래도 언제나 최종 이미지의 화질을 확인하고 사진이 흐릿하거나 거칠어 보이지 않도록 해야 한다.

이미지가 항상 네모 모양이어야 하는 것은 아니다. 그저 가장자리를 다듬는 것보다 훨씬 창의적인 방법으로 사진을 자르면 더 재미있고 유용하게 만들 수 있다. 그림 5.18의 사진은 살루다 Saluda 강변에서 찍은 것이다. 나는 편집되지 않은 이 원본 사진을 무척 좋아한 나머지 컴퓨터 배경화면으로 설정했다. 그러나 지금은 생각의 틀을 깨보자.

이미지를 독특한 모양으로 자르면, 잘못하면 전문성이 떨어져 보일 수 있으나 잘만 하면 굉장히 매력적인 그래픽을 만들어낼 수 있다. 살루다 강에서 탈 카약을 대여하는 야외활동센터의 웹사이트를 디자인한다고 해보자. 그럴 때 그림 5.19와 같은 방법을 적용할 수 있다.

---

21 드라마 'CSI'에 등장하는 경우가 아니라면 말이다.

그림 5.18 Saluda 강

그림 5.19 카약 모양으로 자른 강변 사진

여기서는 2인승 카약의 벡터 이미지를 마스크로 사용해 살루다 강변의 원본 사진을 잘라냈다. 이미지 소프트웨어에서 마스크mask란 기본적으로 이미지를 내다볼 수 있는 창문과도 같다. 2인승 카약 마스크를 강변 사진 위에 놓고, 그림 5.19의 윗부분 반을 만든다. 그 마스크를 수직 방향으로 뒤집고 파란색을 가미한 복사본을 만들어 수면에 비치는 모습을 만들었다.

이 이미지는 카약 대여점 웹사이트에 어울릴 것이다. 그러나 지역 관광센터 홍보 사이트에 사용할 이미지였다면 어땠을까? 관광센터는 그 강이 카약 타기에만 좋은 곳이라는 제한된 느낌으로 알려지길 원하지 않을 것이다. 살루다는 수영, 산책, 낚시 모두에 좋은 장소다. 그림 5.20에서는 'RIVER'라는 텍스트를 마스크로 사용해 신선하고 창의적인 이미지를 만들어 더 다양한 용도로 사용할 수 있게 했다.

그림 5.20 텍스트를 마스크로 사용하여 Saluda 강의 이미지를 잘라낸 모습

사각형을 벗어나 크로핑하는 마지막 방법은 이미지를 배경에서 완전히 분리하는 것이다. 분리되는 부분을 '녹아웃knockout'이라고 한다. 이런 이미지에는 배경이 없을 수도 있고 다른 이미지에 합치거나, 여러 차례 복제하고 회전시켜 꽃 모양으로 만들 수도 있다. 그림 5.21에서 녹아웃 이미지의 마지막 예인 바나나 꽃은 조금 부자연스럽기는 해도, 꽤 멋지다는 사실은 인정해야 할 것이다.

그림 5.21 녹아웃의 예: 배경이 없는 바나나, 하늘에 뜬 바나나, 바나나 꽃 이미지

지금까지 확인했듯이 크로핑은 독특한 이미지와 디자인 요소를 무한히 만들 가능성을 열어준다. 유일한 제약은 디자이너의 상상력과 아이디어를 구현할 수 있는 포토샵 능력이다.

포토샵으로 조정하기

이미지 편집에 사용되는 소프트웨어 패키지가 많지만 나는 오랫동안 어도비 포토샵을 사용해왔다. 높은 가격과 가파른 학습곡선에도 불구하고, 포토샵이 없었다면 내 일의 흐름은 무척 어려워졌을 것이다. 이미지 편집 소프트웨어의 세계에서 포토샵은 고급 스위스 아미 나이프와도 같으며, 반박의 여지 없이 이 산업계의 표준이다. 더 저렴한 툴도 있지만, 거기에는 칼날만 있거나 손톱 줄, 싸구려 플라스틱 이쑤시개만 있다. 반면에 포토샵은 이미지를 자르고 조각내며 순식간에 수채화 느낌의 이미지를 만들어낸다. 이 시간 이후로 가끔 포토샵을 언급하게 될 것이다. 그렇지만 여기서 얘기하려는 주제는 거의 모든 이미지 편집 소프트웨어가 기본적으로 제공하는 이미지 조정에 관한 것이다. 즉, 이미지 조정 또는 사진 현상에 관해 이야기하려 한다.

디지털 카메라로 사진을 찍을 때 조명과 구도를 고려하지만, 전문 사진작가가 아니기에 사진이 보통 훌륭하게 나오지는 않는다. 이 '훌륭하지 않은' 이미지들은 장소나 이벤트 기록 차원에서 대개 곧바로 내 사진 갤러리로 들어간다. 그러나 디자인 프로젝트에 사용할 사진을 찍을 때에는 언제나 고객에게 알맞게 어느 정도 수정을 가한다. 최소한 크로핑을 포함해 밝기, 대비, 색조를 조절한다.

그림 5.22는 내 카메라에 찍힌 원본 사진의 한 예다. 노스캐롤라이나 애시빌Asheville에 있는 빌트모어Biltmore 저택 입구에 있는 놀라운 석조조각 사진인데, 작년 여름에 놀러 갔을 때 찍은 것이다. 괜찮은 사진이지만 전문적인 용도로 사용하기에는 분명 적절하지 않다. 아주 정직하게 콘텐츠 이미지로 사용한다 하더라도, 초점도 여럿이고 균형이 맞게 느껴지지도 않는다.

첫 단계로는 우선, 내가 보여주려는 부분에 초점이 가도록 이미지를 자르는 일부터 시작한다. 이 사진에서는 문 오른쪽에 있는 사람 조각을 강조하려 한다. 이 이미지를 빌트모어 저택에 관한 뉴스 기사에 사용할 것이라 가정하자. 그림 5.23처럼 조각을 확대하고, 머리 위에 있는 처마를 창의적

그림 5.22 원본 사진: Biltmore 저택의 입구

으로 지울 방법도 생각하고 싶
었다. 한 가지 방법은 그 부분
을 잘라내어 사람의 형상이 위
와 왼쪽 부분에서 돌출되도록
이미지 박스를 자르는 것이다.

　이 효과를 포토샵에서 만들
려면 두 개의 이미지 레이어가
필요하다. 하나는 잘라낸 조각
이고 다른 하나는 배경 레이어

그림 5.23 Biltmore 입구의 조각 부분을 처음 잘라낸 모습

다. 우선 이미지를 여러 번 복제하고 그중 하나는 처음으로 돌아가야 할 만
약의 경우를 생각해서 전혀 손대지 않은 원본으로 남겨둔다. 가장 위에 있
는 레이어에서는 이미지를 확대하여 조형물만 이미지에 들어오도록 만들
고, 다각형 올가미 도구polygonal lasso tool를 사용해 조형물의 둘레를 선택하
고 그 외의 영역은 잘라내어 조형물만 남긴다. 배경 이미지를 만들기 위해

그림 5.24 두 개의 레이어로 두 번 크로핑된 Biltmore 이미지

서는 모서리가 둥근 직사각형 도구rounded rectangle tool로 보여주고 싶은 영역의 마스크를 만들고, 그 마스크를 드래그해 배경 레이어로 옮긴다.

이 단계에서 얻은 결과(그림 5.24)도 좋아 보이지만, 조금 더 조정할 여지는 있다. 첫 번째 문제는 조형물의 어깨와 방패의 더러운 부분이 눈에 거슬린다는 것이다. 그 부분을 완벽하게 제거할 수는 없지만, 몇 단계만 거치면 대비를 줄일 수는 있다. 필요한 도구는 닷지Dodge와 번Burn 도구다. 닷지 도구는 붓과 같은 도구로, 클릭하는 부분을 밝게 해주고, 반대로 번 도구는 그 부분을 어둡게 만든다. 이 도구들을 함께 사용하면 어두운 영역을 밝게, 밝은 영역은 어둡게 만들어 이미지의 음영과 대비를 더 고르게 만들 수 있다.

다음은 두 레이어의 전반적인 밝기와 대비를 조정할 차례다. 밝기와 대비는 거의 모든 이미지 편집 소프트웨어에서 제공하는 기능이다. 포토샵에서는 '이미지 〉 조정 〉 명도/대비' 메뉴에서 찾을 수 있다. 그림 5.25에서 조절창을 볼 수 있다.

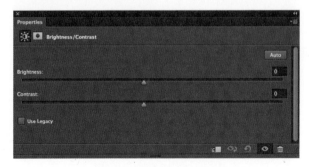

그림 5.25 포토샵의 명도/대비 조절창

2장에서 배웠듯이 명도는 이미지에 들어있는 전반적인 밝기 또는 어둡기의 정도를 뜻한다. 대비란, 이미지의 밝은 영역과 어두운 영역의 차이를 말한다. 빌트모어 조형물의 밝기와 대비를 조금씩 높이고 배경의 밝기와 대비를 약간 낮추면, 더 두드러진 구도를 만들 수 있다.

명도와 대비를 조정한 다음에는 색조와 채도를 조정한다. 그림 5.26에 나온 색조와 채도를 조절하는 창은 '이미지 〉 조정 〉 색조/채도' 메뉴에서 볼 수 있다. 색조 기능은 이미지 전반의 색에 영향을 준다. 색조 슬라이더를 움직이면 파란색, 빨간색 또는 주황색 등의 색조가 더 나타나도록 이미지 색을 바꿀 수 있다. 이 이미지의 전체 색조는 나쁘지 않아서 크게 수정하고 싶지 않았다. 그러나 이미지의 전체 색을 바꾸고 싶은 경우에는 색조 조절이 필요할 수 있다. 채도 조절 기능은 이미지에 들어 있는 색들의 채도가 어떻게 나타나는지에 영향을 미친다. 채도를 완전히 낮추면 회색조 이미지를 만들 수 있고, 채도를 완전히 올리면 모든 색이 더 선명하고 극적으로 보인다. 나는 조형물 이미지의 채도를 조금 높이고 배경 이미지의 채도는 조금 낮추고 싶었다. 이렇게 하면 배경의 대비는 훨씬 완화되고, 내가 앞서 얘기한 것처럼 이미지는 더 두드러지게 된다.

그림 5.26 포토샵의 색조/채도 조절창

드디어 올리기만 하면 될 정도
로 이미지가 준비되었다! 그림
5.27에 보이는 조형물이 배경에
서 돋보이는 모습과 음영이 고
르게 바뀐 것을 확인해보라. 이
런 미세한 부분이 이미지의 전
반적인 효과에서는 큰 차이를
만든다. 섬세함을 더하기 위해
서 배경 블록에 테두리를 둘렀

그림 5.27 포토샵에서 수정을 거친 후에 얻은 최종 이미지

다. '레이어 〉 레이어 스타일 〉 선' 메뉴를 사용해 블록 안쪽에 검은색 선을
그렸다.

명도, 대비, 채도를 조절하는 것 외에 포토샵으로 이미지를 새롭게 단장
하는 방법은 필터를 이용하는 것이다.

사진에서 '필터filter'는 카메라 렌즈에 붙이는 실제 부속품으로, 사진에
찍히는 모습을 바꿔주는 역할을 한다. 필터는 더 풍부한 색감을 포착하거
나 미흡한 조명을 보충하거나, 이미지를 더 따뜻하거나 차갑게 만들어준
다. 포토샵 필터도 이 기본 개념을 따르지만, 카메라 렌즈의 필터보다 더
다양한 효과를 준다. 필터는 운치 있는 효과를 만들고 이미지를 왜곡하거
나 텍스처를 더하는 등등 여러 방식으로 사용한다. 포토샵에는 다양한 필
터가 장착되어 있다. 어떤 것은 아주 유용하고 어떤 것은 개인적인 생각에
는 덜 유용한데, 어쨌든 모든 사람이 좋아할 만한 기능들이 있다는 언급만
으로도 충분하다. 필터로 만들 수 있는 효과를 보여주기 위해서 난초 사진
을 열어 포토샵에 있는 기본 필터 몇 개를 적용해 보았다. 그림 5.28은 내
실험의 결과다.

내가 보여준 것은 포토샵 효과의 빙산의 일각에 지나지 않는다. 사실 그
일각의 전부도 보지 못했다. 오히려 그중에서도 아주 작은 일부일 뿐이다.
포토샵에서 할 수 있는 일은 훨씬 많으며, 그것을 배우는 가장 좋은 방법
은 서툴러도 자꾸 만져보는 것이다. 온라인에 있는 해설들이 배우는 과정

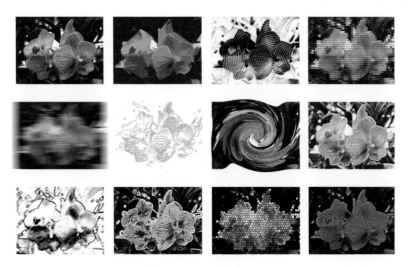

그림 5.28 **포토샵 필터의 예**

에 속도를 더할 수는 있겠지만 확실한 경험을 대체할 만한 것은 없다. 이미지를 열어 툴바에 있는 기능, 드롭다운, 각 메뉴와 필터들을 사용해보고 그것들이 이미지를 어떻게 변화시키는지 확인해보라. 한번 사용한 이미지를 실컷 망쳐 본 다음, 다른 이미지를 열어 해보고 또 해본다.

파일 형식과 해상도

어떤 사진 편집 프로그램을 사용하든 웹에서 사용할 이미지를 준비하기 위해서는 표준 이미지 파일 형식에 대한 기본을 알아야 하고, 어떤 것을 언제 사용할지 알아야 한다. 현재 브라우저들이 일반적으로 지원하는 이미지 형식에는 JPEG, GIF, PNG 세 종류가 있다. 여러분이 사용할 이미지에 맞는 형식을 선택한다는 것은 가장 높은 품질의 이미지를 가장 작은 파일 크기로 만들 방법이 무엇인가를 결정하는 것이다.

JPEG

JPEG.jpg는 JPEG 위원회Joint Photographic Experts Group에 의해 개발되었는데, 특히 촬영된 사진을 저장하기 위한 이미지 압축 형식이다. GIF, PNG 이미지와는 달리 JPEG는 24비트 색에서 파일 크기를 꽤 작게 만들 수 있다. 그래서 모든 종류의 사진에 유용하며, 무거운 텍스처나 그래이디언트가 긴 그래픽에도 잘 맞는다. JPEG 형식이 나타낼 수 있는 색의 수에는 제한이 없으나, 손실 압축 방식을 사용하기 때문에 파일을 압축하는 정도에 따라서 이미지 품질이 떨어진다. .jpg 파일을 저장할 때는 압축률을 신중하게 선택해야 한다. 압축 정도가 높은 이미지는 페이지 로딩 속도 향상에 도움이 되지만, 그림 5.29 가장 오른쪽에 있는 딸기만큼 압축률이 높아지면 사진의 맛이 떨어진다.

그림 5.29 점점 더 높은 강도로 압축된 JPEG 딸기 이미지

GIF

GIFGraphics Interchange Format는 8비트 형식으로, 이미지 안에 있는 색의 수에 근거해 파일을 압축한다. GIF 형식의 파일은 압축률이 높지만, 최대 256개의 색만 지원하기 때문에 사진이 주를 이루는 페이지에서는 사용할 수가 없다. GIF 파일의 두 가지 장점은 그림 5.30과 같이 투명색을 나타낼 수 있고 또 애니메이션을 지원한다는 것이다. 1990년대 말에 UNISYS(GIF 이미지의 압축 알고리즘을 개발한 회사)는 GIF가 독점적인 형식이라고 주장하며, GIF 형식을 사용한 모든 프로그램에 사용료를 요구하려고 했다. 256가지라는 색 수의 제한과 이런 사용권 문제 때문에 PNG 형식이 탄생하게 된다. GIF 형식이 아직도 웹에서 널리 사용되고 있지만, PNG를 사용할 것을 강력하게 권하는 바이다.

PNG

PNGPortable Networks Graphics 형식은 W3C에서 GIF의 대안으로 개발한 것이다. PNG의 비손실 압축 방식 알고리즘은 GIF와 유사하지만, 색을 적게 사용한다면 파일 크기는 GIF가 가장 작다. PNG는 8비트나 24비트 형식으로 저장될 수 있다. 두 PNG 파일 모두 투명층을 지원하지만 24비트 PNG 이미지에서의 투명층은 빨강, 초록, 파란색 채널과 함께 있는 알파 채널의 도움으로 구현된다. 이 얘기는 PNG 이미지의 픽셀 하나하나가 256단계의 불투명도를 가질 수 있다는 뜻이다. 이런 차이가 가져오는 효과는 그림 5.30에 나타나 있다. PNG 이미지에서는 뒤에 있는 배경 이미지를 볼 수 있지만 GIF는 배경이 완전히 불투명하거나 완전히 투명하다는 점을 눈여겨보라. 8비트 PNG의 투명층은 그림 5.30의 GIF 그림과 같이 나타난다. 즉 투명하거나 투명하지 않거나 둘 중 하나다. 그러므로 여러분이 투명한 PNG 이미지를 다른 배경 이미지나 텍스처에 올릴 계획이라면, 이미지의 불투명한 가장자리가 배경과 어울리도록 수정하는 것이 중요하다. 여러분이 이 부분을 읽을 때쯤이면 IE6에 맞춰서 웹사이트를 코딩하는 일이 없기를 바라지만, 만일의 경우를 위해 얘기하자면 24비트 투명층은 IE7 이상에서만 지원된다. IE6의 지원 문제뿐 아니라 파일 크기 때문이라도 8비트 PNG를 사용하라. 24비트 이미지는 8비트 이미지와 비교하면 그 크기가 몇 배일 수 있다.

창의적으로 이미지 처리하기

JPEG, PNG 또는 GIF 이미지를 웹 페이지에 삽입했는데도 아무런 감흥을 받지 못하는 경우가 있다. HTML <img> 태그로 웹 페이지에 삽입된 이미지는 기본적으로 주변의 텍스트에 둘러싸여 있다. 하이퍼링크가 걸린 이미지에는 보통 전혀 예쁘지 않은 파란색 테두리가 생긴다. 기본 모습이 훌륭하지 않기 때문에 CSS가 필요한 것이다. 벽에 건 사진과 같이 이미지에 액자 효과를 주고 싶다면 어떻게 할까? 이미지 둘레에 폴라로이드 사진과 같은 테두리를 만들고 싶다면? 사진 앨범에 끼운 듯 이미지 모서리에 무늬를 넣고 싶을 수도 있다. 이런 경우 여러분이 선택할 수 있는 방안은 두 가지다. 하나는 이미지 편집 소프트웨어를 사용해 이미지에 효과를 직접 입히는 것이고, 또 다른 하나 CSS 배경 이미지와 테두리를 이용해 웹 페이지에서 이미지의 스타일을 바꾸는 것이다.

이미지로 이미지 보강하기

이미지에 테두리, 모서리 효과, 투명도 효과를 덧붙이는 작업은 최소한의 수고만 하면 되는 일처럼 보인다. 포토샵에서는 원하는 효과를 사진에 입히는데 몇 분만 투자하면 된다. 그러나 문제는 웹사이트에 있는 모든 이미지에 같은 효과를 적용할 때 생길 수 있다. 새 이미지를 추가하거나 기존에 있던 사진을 바꾸면 어떤 일이 일어날까? 보통은 HTML을 조금만 수정하거나 새로운 사진을 웹 서버에 복사하는 데 1~2초만 투자하면 될 일이 30분 또는 그 이상 걸릴 수도 있다. 무엇보다 시맨틱 마크업semantic markup의 핵심이 스타일과 콘텐츠를 분리하는 것임을 우리는 기억해야 한다. 웹사이트에 속한 이미지는 그저 하나의 콘텐츠일 뿐이다.

CSS 기능을 끈 상태에서 보면, 그래픽 디자이너이자 웹 디자이너인 윙청Wing Cheng[22]의 포트폴리오 사이트는 이미지가 가득한 페이지처럼 보인다 (그림 5.31).

---

22 http://wingcheng.com/

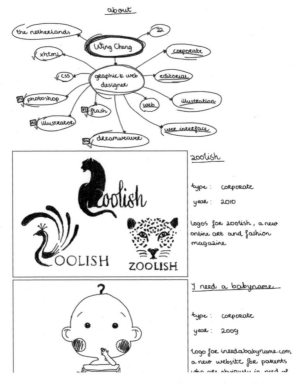

그림 5.31 CSS 기능을 끈 상태에서 본 윙 쳉(Wing Cheng)의 포트폴리오

이번에는 그림 5.32에서 사이트에 CSS를 적용한 모습을 보자. 윙의 포트폴리오는 재미있고 유쾌하며 창의적이다. 한 장의 3D 종이가 아코디언처럼 접혀 있는 모습을 묘사하기 위해 종이가 위아래로 튀어나와 있다. 'about' 페이지 아래에 있는 접힌 면에는 포트폴리오 항목이 한 면에 하나씩 담겨 있다. 각 카테고리 안에는 몇 가지 항목들이 있다. 이 웹사이트는 연락처와 가죽 스케치북의 뒷면으로 끝난다.

윙이 두 개의 페이지 텍스처를 각각의 포트폴리오 항목의 배경으로 교대해서 사용했다면 각 이미지의 파일 크기가 커지고 사이트를 로딩하는 데 오랜 시간이 걸렸을 것이다. 그 대신에 윙은 두 가지 종이 텍스처만 사용했다. 하나는 아래를 향하는 종이고 다른 하나는 위쪽을 향하는 종이 모양이다. 이들은 각 포트폴리오 항목을 이루는 div 요소에 24비트 PNG 배

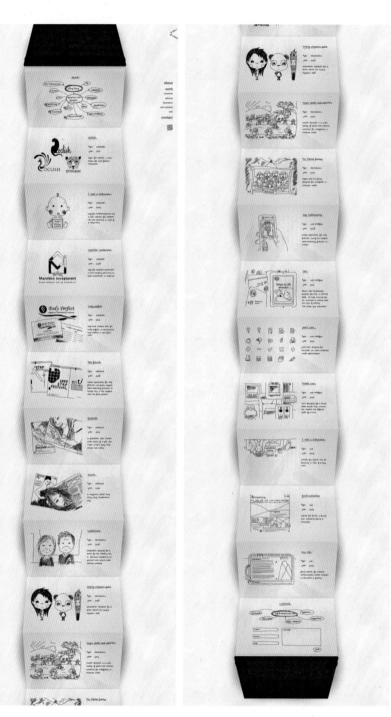

그림 5.32 윙 쳉의 독창적 포트폴리오

경 이미지로 적용되었다. 새로운 포트폴리오 항목을 추가할 때는 모든 이미지를 다시 제작할 필요 없이, CSS 배경 이미지만 이리저리 바꾸면 된다.

이 사례에서 콘텐츠는 포트폴리오 이미지이며, 그 콘텐츠는 뒤에 배치된 3D 종이 배경 덕분에 한층 더 향상되었다.

CSS로 이미지 보강하기

배경이나 오버레이를 적용하는 방법은 콘텐츠 이미지에 독특하고 통일된 느낌을 줄 수 있다. 물론 CSS로 만든 모든 이미지 효과에 꼭 추가 이미지를 사용해야 하는 것은 아니다. CSS 테두리는 무수히 많은 효과를 제공한다. 이미 알고 있겠지만, 표준 CSS2 테두리에는 3가지 속성이 있다. 너비, 스타일, 색이 그것인데, 각 속성은 border-width, border-style, border-color로 조절하고 짧게는 border를 쓴다. border-width, border-color 속성은 이름만으로도 기능을 짐작할 수 있다. border-width는 CSS 측정 단위(1px 또는 0.5em 등) 또는 키워드(thin, medium, thick) 값으로 테두리의 두께를 정한다. border-color 속성은 16진수 색값을 사용한다.

border-style 속성에서 CSS 개발자들의 창의성이 발휘된다. 스타일의 종류에는 8가지가 있다. dotted, dashed, solid, double, groove, ridge, inset, outset와 테두리를 눈에 보이지 않게 만드는 none, hidden도 있다. 이 표준 스타일들을 그림 5.33에서 확인할 수 있다.

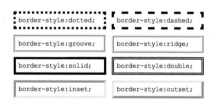

그림 5.33 4가지 서로 다른 브라우저에서 볼 수 있는 8가지 테두리 스타일

각 스타일의 차이는 분명하게 구별되며 잠재적으로 유용하다. '잠재적'이라고 하는 이유는 스타일을 어떻게 입히느냐에 따라 전혀 예쁘지 않은 테두리를 만들 수도 있기 때문이다. 텍스트를 보완해주는 훌륭한 타이포그

래피가 존재하듯이 좋은 테두리는 그 테두리가 둘러싸고 있는 콘텐츠를 보강한다. 크기가 크고 색 대비가 뚜렷한 테두리는 사람들이 더 집중해야 하는 이미지에서 시선을 분산시킬 것이다.

블록의 4면에 각기 다른 스타일을 적용해보면 최악의 테두리가 될 가능성을 한껏 끌어올릴 수 있다. 4면의 테두리를 따로 지정할 수 있다는 점은 여러분이 한쪽에만 테두리를 두거나 여러 색을 함께 사용하려 할 때 유용하게 작용할 수 있다. 그러나 스타일, 색, 두께가 서로 다른 선들을 섞어서 하나의 요소 또는 이미지의 테두리로 사용하는 경우 보통은 그 결과가 좋지 않다. 그림 5.34에 나오는 무서운 원숭이처럼 상당히 끔찍한 결과물을 낳을 수 있다(인형 자체도 그 끔찍함을 더는 데 별 도움이 되지 않는 듯하지만 말이다).

그림 5.34 CSS로 무시무시한 테두리를 만들 수 있다

저 무시무시한 테두리를 만드는 CSS는 다음과 같다.

```
img.uglybox {
border-top: 20px groove #ff1100;
border-right: 16px dotted #66ee33;
border-bottom: 8px outset #00aaff;
border-left: 12px double #ff00ff;
}
```

하지만 다행히 한 이미지에 여러 CSS 테두리 속성을 한꺼번에 적용하는 것이 반드시 나쁘지는 않다. 테두리가 가진 놀라운 잠재력은 악이 아닌 선으로 나타날 수 있다. 디자이너들이 가끔 이미지 테두리에 적용하는 그래픽 효과 중 하나는 은은한 그림자를 넣거나 inset, groove로 입체감을 만드는 것이다. 3장에서 CSS3으로 그림자 효과를 만들 수 있다고 설명했지만, 여러분은 그보다 더 간단하고 미묘한 효과를 원하는 경우도 있을 것이다. 클레어 캠벨Claire Campbell이 개인 사이트에 넣은 디지털 시계가 그 예다. 아래의 그림에서 여러분은 실제로 돌아가는 CSS 디지털 시계를 볼 수 있다. 이 시계는 CSS 테두리 속성을 창의적으로 다루어 만든 것이다.

그림 5.35 클레어 캠벨(Claire Campbell)의 시계에 적용된 은은한 그루브(groove) 효과

지금까지 얘기한 이미지 효과들도 유용하지만, CSS3의 새로운 기능들을 사용하면 HTML 이미지를 더 강력하게 보강할 수 있다. 나탈리 다운Natalie Downe이 '24 ways'에 올린 「CSS3 Transition 속성에 미치기Going Nuts with CSS3 Transitions」[23]라는 글에 탁월한 사례가 있다. 그녀가 쓴 설명서를 구현한 모습이 그림 5.36에 나와 있다. 여기서는 CSS3 애니메이션, 그림자 효과, 회전/크기 변형 등을 이용해 탁자 위에 폴라로이드 사진이 쌓여있는 갤러리와 같은 그림을 만들어냈다.

지금은 웹 디자이너와 개발자들에게 매우 흥미진진한 시기다. 위에 보여준 예시는 CSS3으로 선보일 수 있는 새로운 스타일의 일부분에 지나지 않는다. 테두리 속성에 대해서 자세히 살펴보려면 에스텔 와일Estelle Weyl

---

23 http://24ways.org/2009/going-nuts-with-css-transitions

그림 5.36 나탈리 다운(Natalie Downe)이 CSS3으로 만든 폴라로이드 이미지. 폴라로이드에 사진 설명도 적혀있다

이 '스탠다디스타The Standardista'에 쓴 「테두리 속성, 값, 브라우저 지원Border Properties, Values, and Browser Support」[24]이라는 글을 추천한다. 독특한 오버레이든, 단순한 테두리 속성이든, 새로운 CSS3 효과든 이러한 효과의 핵심 목표는 콘텐츠에 포함된 이미지에 주의를 집중시키는 것이다. 다시 말해 테두리와 효과는 그 대상이 되는 이미지를 묻히게 하기보다 더 부각시켜야 한다는 걸 기억하는 게 가장 중요하다. 사진이 아닌 효과 자체에 집중하게 만드는 효과는 피하는 것이 좋다.

적용하기: 마무리 작업

지난 장에서 우리는 KRG 웹사이트를 다양한 측면에서 자세하게 살펴보았다. 우리는 적절한 서체를 선택해 캐리를 찾아오는 고객들에게 일관성 있고 친근한 분위기를 만들어주었다. 이제는 이미지를 잘 다듬을 차례다. 사이트의 주요 콘텐츠는 블로그 형식으로 펼쳐져 있으나, 홈페이지에는 사용

24 http://www.standardista.com/css3/css3-border-properties

자가 스크롤할 필요가 없도록 뉴스, 이벤트, 상품 소개가 돌아가는 슬라이드 갤러리가 있다.

이미지에 관해 생각할 때 가장 중요한 점은 낱개의 이미지들이 모두 친근하게 느껴져 방문자와 사이트를 감성적으로 연결해줘야 한다는 것이다. 캐리의 옛 사이트가 하지 못했던 일이 바로 모두와 개인적인 수준의 연결고리를 형성하지 못한 것이다. 그저 고정된 텍스트와 캐리의 사진이 함께 있는 페이지였을 뿐이다.

방문자와 사이트 사이에 정서적인 연결을 촉진하려면 알맞은 콘텐츠를 사용해야 한다. 적절한 이미지를 찾기 위해서 나는 상업용 유료 사진 사이트들을 뒤지기 시작했다. 거기서 통증과 관련된 이미지를 찾으려고 했다. 사이트의 메인 이미지 중에 어떤 남자가 사무실인 듯한 공간에 앉아 허리를 잡고 있는 사진이 있다. 이 이미지는 통증이 있어도 하루의 근무시간을 견디려고 노력해본 모든 사람에게 와 닿을 것이다. 이 사진에 짧은 마케팅 문구를 함께 사용하니 내용을 아주 효과적으로 전달하게 되었다.

그림 5.37 공감의 요소를 사용해 정서적인 연결 만들기

슬라이드(그림 5.39) 아래에 있는 3단 텍스트에도 시선을 사로잡을 만한 이미지가 필요했다. 첫 번째 이미지는 유료 사진 사이트에서 구한 것으로 반사요법을 나타내는 그림이다. 이 이미지는 반사요법이 영향을 주는 신체 부위를 창의적이고 시각적인 방법으로 나타냈기 때문에 필요했다.

마지막 두 이미지는 어도비 일러스트레이터로 제작한 그림이다. 하나는 KRG에서 사용하는 기기를 그린 벡터 이미지로, 그림 5.38에서 자세히 볼 수 있다. 그림을 그리는 과정에서는 실물 사진을 참고했으나 그림은 훨씬 단순화하여 기기에 쓰여있는 단어, 텍스트, 그래픽은 포함하지 않았다. 사이트에 오는 많은 사람이 반사요법이 무엇인지 모르기 때문에 '낯선 기계'가 호기심을 자극할 수 있었다. 단순한 그래픽이지만 매우 효과적이다.

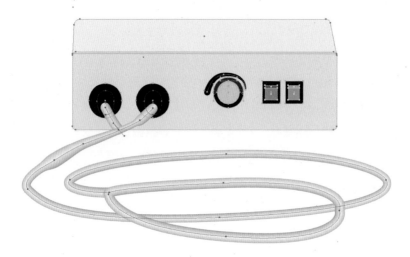

그림 5.38 PEMF 기계를 그리고 있는 모습

세 번째 이미지는 체열 측정 또는 열 이미지 처리 서비스를 나타내는 그림이다. 이 방법은 체내 혈액의 흐름을 분석하는 좋은 방법이다. 이 개념을 표현하는 익숙한 그림이 어두운 초록색의 밋밋하고 건조한 배경과 대조되어 보는 사람의 눈에 띤다. 팔의 위치는 검사를 받는 동안 환자들이 취하게 되는 전형적인 자세를 나타낸다.

　여러 이미지를 한 줄에 나열할 때 몇 가지 중요 사항을 기억해야 한다. 줄이 잘 맞춰질 수 있도록 이미지들의 높이를 똑같이 만드는 것이 좋다. 그렇지 않으면 정렬에 문제가 생길 수 있다. 그리고 나는 각 이미지에 배경이나 네모난 테두리가 생기지 않도록 모든 벡터 그래픽을 투명한 PNG 파일로 저장했다. 단의 폭이 좁아서 이미지에 배경이 있다면 너무 여유가 없어 보일 것이다.

　이미지와 그래픽에 관한 영감을 얻는 것이 그리 어려운 일은 아니었다.

캐리의 사무실에 방문했을 때 나는 사무실을 둘러보며 그녀의 사업과 관련된 이미지들을 모두 기억해두었다. 그 장소에서 본 대상들을 잘 조합하여 그녀의 사업과 웹사이트를 서로 긴밀하게 묶어줄 수 있었다.

그림 5.39 필요한 이미지가 포함된 최종 디자인

발전하고 성장하기

웹 디자인에서 가장 신나는 부분은 웹 전문가들 사이에 존재하는 소속감과 교류를 만끽하는 일이다. 블로그 댓글, 트위터, 드리블Dribbble[25], 지역 정기모임 등 어떠한 통로를 통해서든 자신의 의견과 기술, 전문성을 공유하고자 하는 재주꾼들이 항상 있다. 디자인 커뮤니티는 정말 귀중한 자원이다. 그러나 한편으론 불필요할 정도로 의존하게 되기도 한다. 나는 항상 영감을 얻을 만한 새로운 원천을 찾으려고 한다. 자신의 아이디어와 포트폴리오를 온라인으로 공유하는 권위 있는 디자이너가 많다 보니, 웹 디자인만 봐도 필요한 영감을 쉽게 발견할 수 있다. 그 자체로는 별로 나쁜 일이 아니지만, 모든 웹 디자이너가 다른 웹 디자이너로부터 아이디어를 얻는다면 우리는 결국 모두 같은 디자인을 하게 될 것이다.

25 http://dribbble.com/

이 책을 통해서 얘기한 디자인 원리와 지침들이 여러분을 도와 미적으로 만족스럽고 실용적인 디자인 결정을 내리는 데 도움이 될 수는 있지만, 그것이 여러분의 개성과 독창성을 대체할 수는 없다. 디자인에 불어넣을 수 있는 가장 중요한 속성은 여러분만의 개성, 경험 그리고 관심이다. 이 세 가지 원천이 디자인 작업의 토대가 되어야 한다. 모든 디자이너가 최신 디자인 트렌드를 모방하는 시간을 줄이고 자신만의 스타일을 정립하는 데 더 많은 시간을 쓴다면, 웹은 더 흥미로운 공간이 될 것이다. 자신만의 스타일을 구축하는 방법에 관해서도 얘기하고 싶지만, 이 부분은 나도 아직 배워가는 중이다. 앞으로 여러분이 디자인에 들이는 노력에 행운이 깃들길 빈다. 이 책이 웹 디자인을 향한 여러분의 진로나 취미에 큰 도움과 격려가 되기를 바란다.

찾아보기